Leni Fiedelmeier

Dackel

richtig pflegen und verstehen

Experten-Rat für die artgerechte Haltung

Mit Farbfotos bekannter Tierfotografen

Zeichnungen:
Fritz W. Köhler

GU GRÄFE UND UNZER

Inhalt

Vorhergehende Doppelseite: Neugierig und voller Tatendrang blicken die vier Welpen in die Welt. Sie sollten erst im Alter von drei Monaten von der Mutter getrennt werden.

Zeichnung unten: Ausreichende Bewegung ist für den Dackel sehr wichtig.

Vorwort

Umwerfend charmant, pfiffig, dickköpfig und nicht leicht zu erziehen. So sieht die Kurzcharakteristik des Dackels aus, der bis heute die Hitliste der beliebtesten Hunderassen anführt.
Seinem treuherzigen Blick kann kaum einer widerstehen, selbst wenn er einmal etwas angestellt hat. Aber gerade in solchen Fällen müssen Sie konsequent sein, sonst tanzt Ihnen Ihr Dackel schnell auf der Nase herum.
Dieser aktualisierte, verbesserte und neu illustrierte GU Tier-Ratgeber bietet allen Anfängern in Sachen Dackel-Haltung eine umfassende Anleitung, aber auch die Fortgeschrittenen erhalten neue Anregungen und Erkenntnisse.
Sie erfahren darin, worauf beim Kauf des Dackels besonders zu achten ist. Wissenswertes über Haltung, Ernährung und Krankheiten fehlt ebensowenig wie eine ausführliche Beschreibung der Rassekennzeichen.
All jene, die sich mit der Dackelzucht beschäftigen wollen, erhalten Grundkenntnisse darüber im Kapitel »Dackelzucht – Dackelnachwuchs«.
Auf speziellen Praxis-Seiten wird in Wort und Bild erklärt, welche Ausstattung der Dackel braucht, welche Pflegemaßnahmen nötig sind, wie eine konsequente Erziehung zu einem selbstbewußten, gehorsamen Hund führt und das Verstehenlernen der Hundesprache.
Die kompetenten Ratschläge werden unterstützt durch informative Zeichnungen und faszinierende Farbfotos der »Hundepersönlichkeit Dackel«.
Viel Freude mit Ihrem Dackel wünscht Ihnen die GU Naturbuch-Redaktion.

Die Freundschaft zwischen Ihnen und Ihrem Dackel entsteht nicht von selbst, sie muß erobert werden. Um das zu erreichen, sollten Sie Ihren Dackel liebevoll, aber konsequent erziehen, auf seine natürlichen Bedürfnisse Rücksicht nehmen und seine Verhaltensweisen richtig deuten können.

Bitte beachten Sie die »Wichtigen Hinweise« auf Seite 63.

Typisch Dackel – sein Wesen, seine Rasse

Dackel gelten zu Recht als eigensinnig und durchsetzungskräftig. Gerade diese Eigenschaften machten sie zu wertvollen und unentbehrlichen Helfern bei der Jagd. Wenn ein Dackel unter die Erde geschickt wurde, um Dachs oder Fuchs aus dem Bau zu treiben, war ein eiserner Behauptungswille für den Hund lebensnotwendig.

Mit seinem umwerfendem Charme und seiner Pfiffigkeit hat der Dackel es geschafft, in der Liste beliebter Hunderassen seit vielen Jahren ganz oben zu stehen.
Sein Eigensinn, sein »Dickkopf« haben ihn zu einer Hundepersönlichkeit gemacht, die Erwachsene und Kinder gleichermaßen schätzen und lieben.

Der »erste« Dackel
Bereits im Altertum gab es viele verschiedene Hundearten, die aus Mutationen hervorgegangen sind. In einem Felsengrab in Bescheb (Ägypten) wurde die Darstellung einer langgestreckten, kurzbeinigen Hündin mit spitzem Fang und Stehohren entdeckt. Sie stammt aus der Zeit des »mittleren Reiches« im zweiten Jahrtausend vor Christus.
Wenn dabei auch nicht absolut sichergestellt ist, daß es sich um den direkten Vorläufer unseres Dackels handelt, so steht doch damit fest, daß es bereits damals Hunde mit extrem kurzen Läufen und einem sehr langen Rücken gegeben hat.

Warum Dackel kurze Beine haben
Ursprünglich wurde der Dackel als Jagdhund gezüchtet. Lange Zeit galten seine krummen Beine sogar als besonders geeignet, um in Fuchs- und Kaninchenbauten zu schlüpfen und die Tiere dem Jäger vor die »Flinte« zu treiben. Zum Glück für den Dackel wurde dann aber erkannt, daß diese krankhaft verkrümmten Beinchen eher eine Behinderung darstellten, und die Zucht wurde umgestellt.

Warum der Dackel eigensinnig ist
»Dackel haben einen Dickkopf und lernen nie zu gehorchen.« Das ist die landläufige Meinung über diesen kleinen Hund, die gar nicht so falsch ist. Zu den Charaktereigenschaften des Dackels gehört tatsächlich eine gewisse Eigenwilligkeit. Gerade diese Eigenschaft war aber für ihn in seiner Funktion als Jagdgehilfe sehr wichtig: Wenn er nämlich unter die Erde geschickt wurde, um Dachs oder Fuchs aus dem Bau zu treiben, so war dieser eiserne Behauptungswille für ihn lebensnotwendig. Kein Wunder, wenn er diesen in seiner »Meute« Familie beibehält und durchzusetzen versucht. Was bleibt anders, als diesem starken Willen mit ebenso starkem Willen zu begegnen – geduldig und liebevoll, aber konsequent.

Namen – Haararten – Größen
Unser vierbeiniger Freund hat drei verschiedene Namen:
- Teckel
- Dackel
- Dachshund

Während die Namen »Teckel« und »Dackel« allgemein gebräuchlich sind, wird der Name »Dachshund« hauptsächlich in Fachkreisen (Jäger, Züchter) verwendet.

Vater und Kind. ▷
Dieser Langhaarrüde, Rot mit Deckhaar, bewacht seinen Welpen aufmerksam während des Ausflugs im Garten.

Der Dackel wird heute in drei unterschiedlichen Haararten gezüchtet.

- Kurzhaar
- Rauhhaar
- Langhaar

Ursprünglich gab es nur den Kurzhaardackel; Rauhhaar und Langhaar sind später durch Einkreuzung anderer Rassen entstanden.
Schließlich unterscheidet man auch noch drei Größen, die in der Fachsprache der Züchter »Schläge« heißen: Nämlich

- Normalschlag
- Zwergteckel
  (bis 35 cm Brustumfang)
- Kaninchenteckel
  (bis 30 cm Brustumfang).

Eine Adressenkapsel, die einen Zettel mit Namen des Hundes und Telefonnummer des Hundebesitzers enthält, sollte der Dackel immer am Halsband tragen.

Der ideale Dackel

Typisch für das äußere Erscheinungsbild des Dackels sind sein langgestreckter Rumpf und seine kurzen Beine. Schon vor hundert Jahren wurden die Rassekennzeichen des Teckels bestimmt. Natürlich ergaben sich in den folgenden Jahrzehnten einige Änderungen bis zu dem Standard, wie er heute vom Deutschen Teckelclub e. V. (DTK) festgelegt und bei der Fédération Cynologique Internationale (FCI) hinterlegt wurde. Somit ist eine einheitliche Bewertung der Hunderassen gewährleistet.
Folgender Text ist ein Auszug aus diesem Standard.

Allgemeine Erscheinung

Seine Gestalt soll niedrig, kurzläufig, langgestreckt, aber stramm sein, die Muskulatur derb und die Haltung des Kopfes keck herausfordernd, der Gesichtsausdruck klug.
Trotz der im Verhältnis zum langen Körper kurzen Gliedmaßen darf ein Teckel weder krüppelhaft, plump oder in der Bewegungsfähigkeit beschränkt noch wieselartig oder schmächtig erscheinen.

Der Körperbau

Der Kopf ist langgestreckt und scharf ausgeprägt. Er soll sich bis zur Nase hin gleichmäßig spitz verschmälern. Flach gewölbter Oberkopf ohne Stirnabsatz (je geringer der Absatz, desto typischer) in den fein geformten, leicht gewölbten Nasenrücken verlaufend. Augenjochbogen kräftig hervortretend. Nasenknorpel und Nasenkuppel lang und schmal, Nasenlöcher gut geöffnet. Die Lippen sind straff gespannt, den Unterkiefer gut deckend mit leicht angedeutetem Mundwinkel. Der Fang ist weit dehnbar und bis hinter die Augen gespalten. Gebiß und Kiefer sind kräftig, mit genau ineinandergreifenden Fangzähnen.
Die Augen sind mittelgroß, mandelförmig oval, seitwärts liegend, mit klarem, energischem und doch freundlichem Ausdruck, nicht stechend. Bei allen Haarfarben der Teckel soll die Farbe der Augen leuchtend dunkelrot-braun bis schwarzbraun sein. Glas-, Fisch- oder Perlaugen bei grauen und gefleckten Hunden sind nicht sehr fehlerhaft, aber auch nicht erwünscht.
Der Behang ist hoch, nicht zu weit vorn angesetzt, doch nicht zu lang, schön abgerundet – nicht schmal, spitz oder faltig –, beweglich. Mit dem vorderen Saum liegt er dicht an der Wange an.
Der Hals muß genügend lang, muskulös und trocken sein. Er darf keine Kehlwamme zeigen und wird mit leichter Wölbung im Genick frei hoch getragen.
Die Vorderhand ist entsprechend der anstrengenden Tätigkeit unter der Erde muskulös, gedrungen, tief, lang und breit. Im einzelnen:
Schulterblatt lang und schräggestellt, fest an dem voll entwickelten Brustkorb aufliegend, hart und plastisch bemuskelt. Der Oberarm – von gleicher Länge wie das Schulterblatt – steht im rechten Winkel dazu. Er ist starkknochig und straff bemuskelt, liegt an den Rippen an,

ist aber frei beweglich. Der Unterarm ist kurz, möglichst wenig nach innen gebogen, nach vorn und außen hart und plastisch bemuskelt; ungefähr so lang, daß der Bodenabstand des Hundes etwa ein Drittel bis ein Viertel seiner Widerristhöhe beträgt.
Die Vorder-Mittelfußgelenke stehen einander etwas näher als die Schultergelenke. Vorder-Mittelfußknochen, welche die Fessel bilden, sollen von der Seite gesehen weder steif stehen noch durchgedrückt sein. Die Pfoten sind geschlossen, gut gewölbt und mit kräftigen Fußballen.
Der Teckel hat je fünf Zehen, von denen vier auftreten. Sie sind dicht zusammengestellt, mit ausgesprochener Wölbung der Zehenglieder, mit starken Krallen und derben Zehenballen.
Beim Rumpf soll der Rücken einen hohen und langen Widerrist haben, gerade verlaufen und in der Lendenpartie eine leichte Wölbung zeigen. Das Brustbein ist derb und springt so stark vor, daß sich an beiden Seiten Gruben zeigen. Von vorne gesehen ist der Brustkorb oval; er ist großräumig und gewährt somit der breiten Lagerung von Herz und Lunge volle Entwicklung. Er ist weit nach hinten aufgerippt und führt allmählich in die Bauchlinie über. Der Bauch soll mäßig aufgezogen sein.

Fachausdrücke für den Dackelkenner

Abzeichen:	Andersfarbige Flecken im Fell.
Behänge:	Die Hängeohren.
Brand:	Bestimmte Abzeichen an bestimmten Stellen des Körpers.
Fahne:	Die langen Haare an der Unterseite der Rute beim Langhaardackel.
Fang:	Schnauze, Mundhöhle und Lefzen.
Federn:	Haarfransen an den Vorder- und Hinterläufen beim Langhaardackel.
Gestromt:	Schwarze Querstreifen über der Grundfarbe.
Glasauge:	Helles Auge durch pigmentlose Regenbogenhaut.
Lederende:	Kurze Behaarung am unteren Rand des Behanges.
Mutation:	Sprunghafte Änderung im Erbgefüge.
Rute:	Schwanz
Schlag:	Größe
Standard:	Beschreibung des Idealtyps einer Rasse mit allen ihren Merkmalen.
Tätowieren:	Kennzeichnung durch Einstechen einer Nummer ins Ohr.
Trocken:	Die Haut liegt auf fettarmem Unterbindegewebe, die Konturen der Knochen und Sehnen sind erkennbar.

Ausgelassen tollen die beiden Welpen herum. Ihr Spielzeug – ein Ball aus Büffelhaut – ist vor lauter Eifer Nebensache geworden.
Im Spiel erproben junge Hunde Verhaltensweisen, die für ihr späteres Leben wichtig sind.

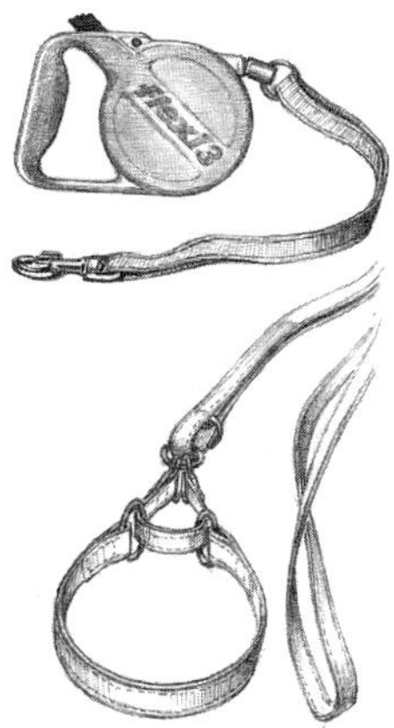

Praktisch sind die sogenannten Abrollleinen mit Bremstaste (oben). Sie lassen dem Hund einen Bewegungsradius von etwa 5 Metern. Für Dackel sind auch Umhängeleinen, zu denen ein Halsband mit Stoppring gehört, empfehlenswert (unten).

Die Hinterhand zeigt eine voll bemuskelte, lange, runde, breite Kuppe; nicht zu kurze Beckenknochen, die kräftig entwickelt und mäßig schräg gestellt sind. Die Oberschenkel sollen derb und von guter Länge sein, die Keulen voll ausgerundet, die Kniegelenke breit und kräftig. Die Unterschenkel sind im Verhältnis zu anderen Hunden kurz. Sie stehen im rechten Winkel zum Oberschenkel und sind stramm bemuskelt. Die Fußwurzelknochen sind breit angelegt, das Fersenbein (Hacke) springt stark vor. Der Mittelfuß ist lang, gegen den Unterschenkel beweglich und leicht nach vorn gebogen. Die Pfoten haben vier dicht geschlossene und schön gewölbte Zehen wie die der Vorderpfoten. Der ganze Fuß soll mit den Sohlenballen auftreten, nicht allein mit den Zehen. Die Krallen sind kurz und derb. Von hinten gesehen soll die Hinterhand vollständig gerade erscheinen.

Die Rute soll in derselben Linie wie das Rückgrat angesetzt sein und leicht geschwungen sich zur Spitze hin verjüngend verlaufen. Sie darf keine starke Krümmung aufweisen.

Hinweis: Interessieren Sie sich für die gesamte Ausführung der offiziellen Rassekennzeichen, so können Sie gegen eine Schutzgebühr die Broschüre »Rassekennzeichen« vom Deutschen Teckelklub e.V. beziehen (→ Adresse, Seite 63).

Der Zusammenhang zwischen Haarfarbe, Nase und Krallen

Einfarbige Teckel haben rotes oder rotgelbes Haar, mit oder ohne schwarze Stichelung. Reine Farbe ist vorzuziehen, wobei Rot den Vorzug vor Rotgelb hat. Auch stark schwarz gestichelte Teckel gehören zu den einfarbigen. Nase und Krallen sind schwarz, rot ist auch zulässig, aber nicht erwünscht.

Beim zweifarbigen Teckel ist das Haarkleid tiefschwarz, braun, grau, weiß, jeweils mit rotgelben Abzeichen (Brand) über den Augen an den Seiten des Fanges und der Unterlippe, am inneren Behangrand, an der Vorderbrust, den Innen- und Hinterseiten der Läufe, an den Pfoten, um das Waidloch (After) und von da ab etwa ein Drittel bis zur Hälfte der Unterseite der Rute. Nase und Krallen sind bei schwarzen Hunden schwarz, bei braunen Hunden braun oder schwarz, bei grauen oder weißen Hunden grau oder auch fleischfarben (was allerdings nach dem Rassestandard nicht erwünscht ist). Bei weißen Hunden bevorzugt schwarze Nase und Krallen. Bei einfarbigen und nicht direkt weißen zweifarbigen Teckeln sind weiße Nase und Krallen nicht erwünscht, kleine Flecken werden jedoch akzeptiert.

Gefleckte (getigerte, gestromte) Teckel: Die Haarfarbe beim Tigerteckel ist ein heller, bräunlicher, grauer bis sogar weißer Grund mit dunklen unregelmäßigen Flecken (große Platten nicht erwünscht) von dunkelgrauer, brauner, rotgelber oder schwarzer Farbe. Weder die helle noch die dunkle Farbe soll vorherrschen. Gestromte Teckel sind rot mit dunkler Stromung. Nase und Krallen wie bei den ein- und zweifarbigen Teckeln.

Andersfarbige Teckel können alle vorher nicht erwähnten Farben aufweisen. Fehler sind: schwarze oder weiße Farbe ohne Behang. Zu stark verbreiterter oder nicht klar abgegrenzter Brand ist unerwünscht.

Sondermerkmale der verschiedenen Arten

Die drei Teckelarten

- Kurzhaar
- Rauhhaar und
- Langhaar

müssen neben den entsprechenden Körpermerkmalen noch für jede der drei Arten besondere Kennzeichen aufweisen:

Kurzhaariger Teckel
Die Behaarung soll kurz, dicht, glänzend und glatt anliegend sein. An keiner Stelle des Körpers dürfen sich unbehaarte Partien zeigen: zu feines, dünnes Haar, Lederenden an den Behängen, haarlose Stellen am Nasenrücken oder allzu grobes, allzu reiches Haar im allgemeinen. Die Rute soll fein verlaufen, voll, aber nicht zu reich behaart sein. Etwas längeres Grannenhaar an der Unterseite gilt nicht als Fehler, sondern ist ein Zeichen starker Behaarungsanlage, Bürstenrute jedoch ist fehlerhaft, ebenso eine teilweise oder in ganzer Länge unbehaarte Rute.

Rauhhaariger Teckel
Die Behaarung ist mit Ausnahme von Fang, Augenbrauen und Behang eine am ganzen Körper vollkommen ausgeglichene, mit Unterwolle durchsetzte, anliegende, dichte, drahtige »Jacke«. Am Fang bildet sich ein Bart. Die Augenbrauen sind buschig. Am Behang ist die Behaarung kürzer als am Körper, fast glatt, jedoch der übrigen Behaarung angepaßt. Die Rute soll derb, aber möglichst anliegend behaart sein und ohne Büschel verjüngt auslaufen. Die gesamte Behaarung muß so wirken, daß der rauhhaarige Teckel aus der Ferne gesehen einem kurzhaarigen gleicht. Als fehlerhaft gelten: weiches oder langes nach allen Richtungen vom Körper abstehendes sowie gelocktes oder welliges Haar; ebenso die Fahnenrute. Kurzhaarigkeit ohne Bart und Augenbrauen ist ebenso fehlerhaft wie getrimmtes Haar.

Langhaariger Teckel
Der langhaarige Teckel unterscheidet sich vom kurzhaarigen allein durch die längere, seidenartige Behaarung. Das weiche, schlichte, glänzende Haar verlängert sich unter dem Hals, der ganzen Unterseite des Körpers, besonders aber am Behang und an der Hinterseite der Läufe zu einer hervorragenden Feder und erreicht seine größte Länge an der Unterseite der Rute. Die Behaarung soll am unteren Rand des Behanges überfallen. Kurze Behaarung an dieser Stelle, ein sogenanntes Lederende, ist nicht erwünscht. Zu reiche Behaarung der Pfoten (»Flossen« genannt) ist unschön und hindert bei der jagdlichen Arbeit. Die Rute wird in schöner Verlängerung der Rückenlinie getragen. An ihr erreicht die Behaarung des Körpers die größte Länge und bildet eine vollständige Fahne. Fehlerhaft ist überladene, das heißt am ganzen Körper gleichmäßige Behaarung, ebenso wie zu stark gerolltes, welliges oder struppiges Haar, das Fehlen der Fahnenrute oder fehlendes Überhängen des Haares am Behang, stark gescheiteltes Haar auf dem Rücken und zu lange Behaarung zwischen den Zehen.

Richtig hochnehmen. Nicht nur Welpen, sondern auch erwachsene Dackel werden so hochgenommen und getragen: Fassen Sie mit einer Hand unter die Vorderpfoten des Hundes und legen Sie die andere Hand stützend unter sein Hinterteil.

Ratschläge für den Dackelkauf

Bevor Sie sich einen Dackel anschaffen, sollten Sie gewissenhaft prüfen, ob Sie dem Hund ein glückliches Leben bieten können. Hundehaltung ist nicht nur mit Kosten verbunden, sondern sie fordert täglich 2 bis 3 Stunden Zeit von Ihnen.

Gewissensfragen vor dem Dackelkauf
Liebe zum Hund genügt leider nicht alleine, um ihm auch ein artgerechtes Leben zu ermöglichen, denn Hundehaltung erfordert viel Zeit, ist auch mit Arbeit und Kosten verbunden. Daher sollten Sie vor der Anschaffung ein paar grundsätzliche Fragen klären:

1. Ein Dackel kann 10 bis 15 Jahre alt werden. Sind Sie nicht nur bereit, sondern auch in der Lage, dem Hund täglich 2 bis 3 Stunden zu widmen? Dazu gehört mindestens ein längerer Spaziergang am Tag.
2. Der Hund sollte nie länger als 4 Stunden alleine sein. Läßt sich das in Ihrer Familie einrichten?
3. Wissen Sie, daß ein Welpe wie ein kleines Kind der ständigen Aufsicht bedarf?
4. Haben Sie jemanden, der für den Hund sorgt, wenn Sie krank sind oder verreisen?
5. Jahr für Jahr verursacht ein Hund eine Menge Kosten für Zubehör, Futter, Tierarzt, Steuer, Versicherung. Sind Sie in der Lage, diese Kosten zu tragen?
6. Erlaubt der Vermieter oder die Wohnungsgesellschaft die Hundehaltung in der Wohnung? Klären Sie dies unbedingt vor dem Hundekauf und lassen Sie sich die Erlaubnis für die Hundehaltung schriftlich geben.
7. Ist ein Familienmitglied allergisch gegen Hundehaare? Im Zweifelsfall vor der Anschaffung den Arzt fragen.

Was spricht für den Rassehund?
Legt man sich einen Rassehund zu, verbindet man damit bestimmte Vorstellungen. So ist nicht nur das äußere Erscheinungsbild genau festgelegt, man weiß auch, welche speziellen Fähigkeiten und welche Charaktereigenschaften man erwarten kann. So hat der Dackel, der ja über Jahrhunderte als Jagdhund gezüchtet wurde, immer noch die Eigenschaften eines Jagdhundes. Er ist selbstbewußt und mutig, was in einem starken Willen zum Ausdruck kommt, und als alter Jäger setzt er natürlich sofort jeder Spur nach, die er aufgenommen hat.
Es gibt aber auch Menschen, denen es weniger um den Rassehund, als um den Hund »an sich«, einfach um einen lieben Hausgenossen geht. Mischlingen wird nachgesagt, sie seien unter Umständen klüger, gesünder und wesensfester als hochgezüchtete Rassehunde. Doch wäre es in diesem Fall ratsam, sich eingehend nach den Eltern des Hundes zu erkundigen, um vor unliebsamen Überraschungen sicher zu sein.

Rüde oder Hündin?
Die allgemein verbreitete Ansicht, Hündinnen seien anhänglicher und treuer, Rüden leichter zu halten, kann ich aus meiner langjährigen Erfahrung mit beiden Geschlechtern nicht bestätigen. Tatsächlich trifft folgendes zu:

Hündin
Sie wird alle sechs Monate läufig und kann während dieser Zeit Nachwuchs empfangen. Will man verhindern, daß eine Hündin schwanger wird, hat man

Im vollen Lauf jagt dieser Rauhhaardackel dem Ball hinterher, den »Frauchen« für ihn geworfen hat.

heute mehrere Möglichkeiten der Verhütung:
Eine Hormonbehandlung durch den Tierarzt, welche die Läufigkeit verhindert, ist möglich, aber nicht zu empfehlen, da die Folge häufig Gebärmutterentzündungen sind.
Eine Sterilisation, das ist die Unterbindung der Eileiter, verhindert zwar die Befruchtung, nicht aber alle Nebenwirkungen der Hitze und der Scheinschwangerschaft und ist daher nicht empfehlenswert.
Eine Kastration ist die beste Lösung. So wird bei der Hündin die Entfernung der Eierstöcke genannt. Dieser Eingriff schadet ihrer Gesundheit nicht, im Gegenteil: Man beugt damit altersbedingten Gebärmuttererkrankungen vor und verhindert Scheinschwangerschaften. Die Hündin lebt streßfreier, sie sollte allerdings etwas weniger zu fressen bekommen, da sie nach der Kastration etwas mehr ansetzt.

Bevor Ihr kleiner Dackel bei Ihnen Einzug hält, sollten Sie alles parat haben, was für seine Haltung und Pflege wichtig ist. So können Sie sich Ihrem neuen Hausgenossen uneingeschränkt widmen, wenn er »sein neues Reich« erkundet.

Einkaufszettel

Besorgen Sie für ihn folgendes:

- je einen Futternapf und eine Wasserschüssel
- Welpenfutter
- Korb oder Kiste, mit einer waschbaren Decke ausgestattet
- Leine und Halsband
- Spielzeug
- Kamm und Bürste
- Adressenkapsel oder Namensschild

Wenn er bei ihnen lebt, braucht er außerdem:

- Steuernummer
- Versicherung
- Tätowierung
- Impfpaß

Was ein Dackel täglich braucht

Schlafplatz

Zeichnung 1

Für den Hund muß »sein« Platz so gestaltet sein, daß er sich dort geborgen und geschützt fühlt.

Standort: Wichtig ist, daß der Standort mit Bedacht ausgewählt wird. Suchen Sie einen ruhigen, zugfreien Platz. Der Hund soll von dort aus eine möglichst gute Übersicht haben, damit er alles beobachten und »am Leben teilnehmen kann«. Dadurch lernt er auch einiges. Aber er muß sich auch ungestört zurückziehen können. Junge Hunde brauchen viel Schlaf. Steht sein Korb an einer Stelle mit viel »Durchgangsverkehr«, dann reißen ihn Unruhe und eigene Neugier aus dem Schlummer und animieren ihn immer wieder, den Platz zu verlassen.

Iglu: Kleine Hunde wie Dackel schätzen es, wenn sie ein Dach über dem Kopf haben. Hier bietet der Fachhandel sogenannte Hunde-Iglus in unterschiedlichen Ausführungen an.

Körbe: Sie sehen hübsch aus, doch stellen sie gerade für den kleinen Dackel eine große Verlockung dar, seine Zähnchen daran auszuprobieren.

Kiste: Für den Anfang könnte man auch eine passende Kiste mit Öffnung nach vorne als Hundebett einrichten.

1 Ein Schlafplatz aus Korbgeflecht ist nicht nur zweckmäßig, sondern sieht auch hübsch aus. Allerdings probieren manche Welpen ihre Zähne daran aus.

Futternapf und Wasserschüssel

Zeichnung 2

Der Hund braucht eine Schüssel, in der immer frisches Wasser bereit steht und einen Futternapf. Die Gefäße sollten aus einem Material sein, das leicht zu reinigen, nicht zu zerbeißen und rutschfest ist. Gut eignen würde sich zum Beispiel eine Wasserschüssel aus glasiertem Ton und ein Futternapf aus Edelstahl mit einem rutschfesten Gummirand an der Unterseite.

Halsband

Für den jungen Dackel genügt ein einfaches Lederhalsband, da es ihm nach wenigen Monaten schon zu eng sein wird. Auch die Leine können Sie in einer einfachen Ausführung wählen. Der ausgewachsene Dackel braucht ein stabiles Halsband und eine ebensolche Leine. Günstig sind Umhängeleinen, die sogenannten

2 Futternäpfe aus Edelstahl sind leicht zu reinigen.

Führerleinen, zu denen ein Halsband mit Stoppring gehört. Sie werden für die Ausbildung und den Jagdgebrauch des Teckels verwendet, bewähren sich aber auch im Alltag bestens. Gerne verwendet werden auch Kunststoffleinen, die sich automatisch aufrollen. Der Fachhandel bietet eine große Auswahl. Schwere Leder- oder Kettenhalsbänder sind für Dackel ungeeignet. Keinesfalls sollten Sie Ihrem Dackel ein »Geschirr« anlegen. Es entspricht absolut nicht der Anatomie eines Dackels und könnte sogar gesundheitliche Schäden hervorrufen.

Bürste und Kamm

Zeichnung 3

Am besten geeignet ist eine Bürste aus Naturborsten. Ihr kleiner Dackel soll sich gleich an das tägliche Bürsten gewöhnen; es tut ihm wohl, und es ist gesund.
Ein »Läusekamm« mit sehr eng angeordneten Zähnen sollte ebenfalls nicht fehlen.

Spielzeug

Zeichnung 4

Vergessen Sie das Spielzeug nicht, es ist für einen jungen Hund, der seine Zähne gebrauchen will und muß, sehr wichtig. Auf diesem Gebiet wird viel angeboten, doch längst nicht alles ist gefahrlos für den jungen Hund.
Gut geeignet sind Bälle und Ringe aus Vollgummi. Sie können nach Belieben benagt werden, widerstehen den kleinen Zähnen sehr gut und können kaum Unheil anrichten. Das gilt auch für Spielzeuge aus Büffelhaut.
Nicht geeignet sind dagegen Spielzeuge aus Plastik und Holz. Hier besteht die Gefahr, daß der junge Hund davon Stücke abbeißt und womöglich verschluckt.
Auch Quietschspielzeug wird von manchen Hunden sehr schnell zerlegt. Der metallene Quietscher kann zudem verschluckt werden. Weniger ratsam ist es, dem jungen Hund einen alten Schuh zum Spielen zu geben. Woher soll der kleine Kerl später zwischen »alt« und »noch gebraucht« unterscheiden können? Das gleiche gilt für Papier. Der Dackel kann wirklich nicht zwischen der neuen und der Zeitung von gestern unterscheiden, und er weiß auch nicht, ob das Papier, das er im Flur vom Fußboden wegnimmt, ein Brief ist, den der Briefträger gerade durch den Schlitz gesteckt hat, oder eben ein bedeutungsloses Blatt.

Welpenfutter

Um große Umstellungsschwierigkeiten zu vermeiden, sollten Sie sich beim Vorbesitzer erkundigen, wie der Hund bisher gefüttert wurde. Wenn Sie die Nahrung nicht selbst zubereiten wollen, können Sie auch spezielle Welpen-Fertigkost aus dem Fachhandel beziehen.

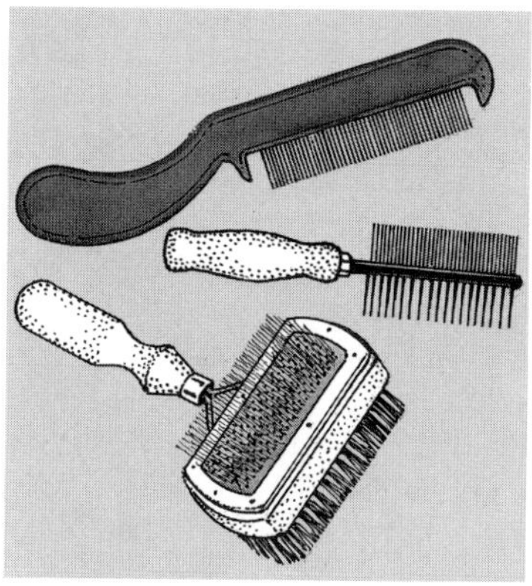

3 Für die Fellpflege sind eine Bürste und ein Kamm mit eng angeordneten Zähnen unentbehrlich. Wer einen langhaarigen Dackel besitzt, sollte sich zusätzlich einen grobzinkigen Kamm besorgen.

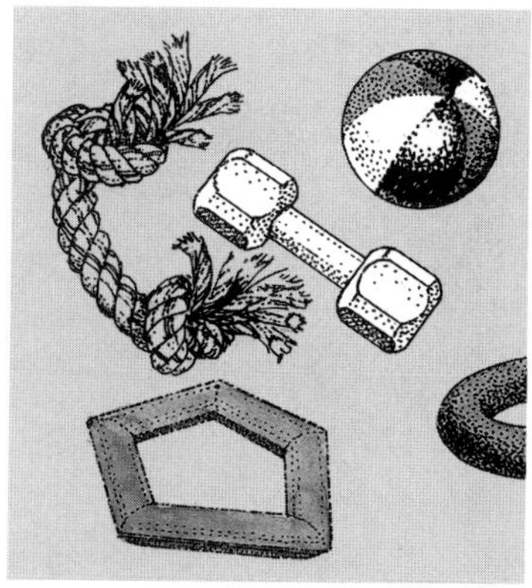

4 Spielzeuge aus Vollgummi oder Büffelhaut sind sehr empfehlenswert. Auch ein Stück dickes naturfarbenes Tau zerren Welpen begeistert durch die Wohnung.

Nur mit einem »Sprung ins kühle Naß« konnte dieser Dackel die Insel erreichen.

Rüden

Sie zeigen sich immer zur Liebe bereit, sobald in ihrer Nähe eine läufige Hündin auftaucht.

Zur Kastration, der Entfernung der Hoden, gibt es jedoch keinen Anlaß, wenn ihr Rüde sich sonst ruhig und ausgeglichen verhält.

Bei folgenden Anzeichen wäre jedoch eine Kastration in Erwägung zu ziehen:

- Gesteigerte Rauflust anderen Rüden gegenüber.
- Neigung zu Streunen und Weglaufen.
- Wenn der Rüde so unter seinen unerfüllten Trieben leidet, daß er kaum noch frißt und abmagert.

Wo Sie Ihren Hund bekommen

Hundekauf ist eine Vertrauenssache, deshalb sollten Sie Ihren Dackel nur dort kaufen, wo Sie sicher sein können, daß Sie gut beraten werden.

Folgende Stellen bieten sich zum Erwerb eines Hundes an:

Im Zoofachhandel oder in den Zoofachabteilungen großer Kaufhäuser: Ein guter Zoofachhändler wird Hunde nicht im Schaufenster anbieten. Er wird Sie beraten und Ihnen bei der Vermittlung eines Hundes helfen.

Beim Züchter: Adressen erhalten Sie vom DTK, Deutschen Teckelklub e.V. und vom VDH, Verband für das Deutsche Hundewesen (→ Adressen, Seite 63). Der DTK hat Welpenvermittlungsstellen im gesamten Bundesgebiet eingerichtet. Dort erfahren Sie kostenlos die Adressen von Kleinzüchtern aus Ihrer näheren Umgebung. Dort können Sie auch die jeweils gültigen Dackelpreise erfahren.

Bei Hobbyzüchtern und Hundehaltern, die keinem Verband angeschlossen sind: Die Welpen werden meist in den Tageszeitungen unter der Rubrik »Tiermarkt« angeboten. Sehr kritisch prüfen!

In Tierheimen und bei privaten Tierschutzorganisationen: Sich hier einen Hund auszusuchen, ist eine lobenswerte Entscheidung.

Bedenken Sie aber auch – je länger ein Hund im Tierheim gelebt hat und je älter er ist, desto problematischer kann er in seinem Verhalten sein. Hier ist viel Erfahrung mit Hunden notwendig.

Nicht kaufen sollten Sie Ihren Dackel bei einem sogenannten Großzüchter, der alle möglichen Hunderassen »produziert«. Gesundheit und Wesen dieser Welpen sind oft nicht einwandfrei.

Wie sucht man seinen Welpen aus?

Bei der Auswahl des Welpen sollte man sich nicht nur von Gefühlen leiten lassen, sondern kritisch hinterfragen:

Wie und wo wächst der Welpe auf?

Aus der Verhaltensforschung weiß man, daß die ersten 12 Wochen für die Prägung des Charakters eines Hundes entscheidend sind. Hat ein Welpe diese Zeit ausschließlich in einem Zwinger verbracht, dabei geringen oder gar schlechten Kontakt zu Menschen gehabt, wird er diesen später mit großer Vorsicht und Mißtrauen begegnen.

Wer sich einen Familienhund wünscht, muß besonders darauf achten, daß der Hund von Geburt an in einer Familie mit Kindern und Besuch aufwächst. So hat er die Möglichkeit, sich von klein auf an den im Familienalltag üblichen Lärmpegel zu gewöhnen.

Frühzeitig auswählen: Suchen Sie Ihren Welpen frühzeitig aus. Besuchen Sie Mutter und Hundekinder öfter, um die Entwicklung der Kleinen zu beobachten.

Genau beobachten: Im Spiel verraten die Welpen sehr viel über ihre charakterlichen Anlagen. Beobachtet man sie still, läßt sich sehr bald erkennen, wer der Anführer der Meute ist, wer sich zurückhält, eher vorsichtig ist oder sich sogar ganz aus dem Spiel zurückzieht.

Jetzt entscheiden: Je älter die Welpen werden, umso deutlicher zeichnen sich die charakterlichen sowie auch die körperlichen Unterschiede ab.

Ihren Vorstellungen entsprechend werden Sie sich für einen Dackel mit großem Durchsetzungsvermögen (er wird es später auch an Ihnen erproben) oder einen fügsameren (er wird leichter zu erziehen sein) entscheiden.

Woran erkennt man einen gesunden Welpen?

Damit Sie in der Lage sind, den Gesundheitszustand Ihres zukünfigen Hausgenossen zu beurteilen, hier einige Merkmale, auf die Sie unbedingt achten sollten:

- Dichtes glänzendes Fell, frei von Parasiten.
- Klare Augen ohne Entzündungen.
- Saubere Ohren ohne Rötungen oder Verklebungen.
- Der Körper nicht zu dünn und nicht zu dick, ein kleines Bäuchlein darf der Welpe haben.

Die berühmte »Liebe auf den ersten Blick« gibt es auch zwischen Mensch und Hund. Allerdings sollten Sie sich nicht alleine davon leiten lassen, wenn Sie sich für einen Dackelwelpen entscheiden. Beobachten Sie das Dackelkind genau, denn im Spiel verraten Welpen sehr viel über ihre charakterlichen Anlagen.

In welchen Fällen zahlt die Hundehaftpflichtversicherung und in welchen Fällen nicht?

Die Haftpflichtversicherung springt immer dann ein, wenn sich die Tiergefahr verwirklicht hat. Der Hund, der plötzlich über die Straße läuft und hierdurch einen Unfall verursacht, ist genauso versichert wie der Hund, der eine Keilerei mit einem anderen Hund anfängt oder einen Radfahrer vom Fahrrad zerrt. Nicht versichert ist aber regelmäßig der Hund, der als Waffe mißbraucht und bewußt wie auch zielgerichtet gegen Menschen eingesetzt wird. Dann verwirklicht sich nicht die Tiergefahr, sondern der aufgezwungene Wille des Menschen.

Hund in der Mietwohnung: Welche Rechte und Pflichten gegenüber den Nachbarn hat der Besitzer? Ist dies bundesweit geregelt oder Sache der Länder bzw. Gemeinden?

Vergeblich wird man in unseren vielen Gesetzen eine spezielle Rechtsvorschrift zu diesem Thema suchen. Ob nun ein Hund in der angemieteten Wohnung erlaubt ist oder nicht, richtet sich zunächst einmal nach dem Mietvertrag und zum anderen danach, wie die Rechtsprechung zu diesem Problem steht.
Im Gegensatz zu Kleintieren (Kanarienvogel, Goldhamster) ist die Haltung von Hunden in der Wohnung mietrechtlich nicht ganz unbedenklich. Ist im Mietvertrag die Tierhaltung grundsätzlich verboten, kommt man kaum an diesem Verbot vorbei (Landgericht Braunschweig, Az.: 7 S 204/87); dieses Verbot ist wirksam und berechtigt den Vermieter gegebenenfalls zur fristlosen Kündigung.
Anders beurteilt sich die Frage dann, wenn die Hundehaltung nach dem Mietvertrag von der Genehmigung des Vermieters abhängig ist. Unter dem Stichwort: »Hund mit guten Manieren erlaubt« kann man heute die Rechtsprechung zu diesem Problemkreis zusammenfassen. Das Recht des Mieters auf ungestörte Entfaltung seiner Persönlichkeit schließt nämlich das Halten eines Hundes (zumindest eines Kleinhundes; Amtsgericht Frankfurt, Az.: 33 C 3913/87-67) mit ordentlichen Manieren ein. Ein Hund (Landgericht Hannover, Az.: 11 S 272/87) ohne konkrete Belästigungen für die Mitmieter erfüllt noch nicht den Tatbestand eines vertragswidrigen Gebrauchs der Mietwohnung (Amtsgericht Würzburg, Az.: 13 C 258/82), und zwar selbst dann nicht, wenn nach dem Mietvertrag die Hundehaltung nur mit Genehmigung des Vermieters erlaubt ist (Landgericht München, Az.: 15 S 265/84). Es muß vielmehr in jedem Einzelfall nachgewiesen werden, daß die Haltung eines Hundes tatsächlich eine unzumutbare Belästigung (zum Beispiel Lärm, Schmutz) für die anderen Hausbewohner darstellt. Allein die formularmäßige Klausel im Mietvertrag, daß die Tierhaltung nicht genehmigt sei, genügt für ein Verbot nicht (Landgericht Frankfurt, Az.: 2/13 O 474/89).
Hinweis: Das Leben in der Gemeinschaft beruht auf gegenseitiger Rücksichtnahme, so daß auch der zur Miete wohnende Hundefreund in einem Gemeinschaftsleben die Rücksichtnahme auf seine Tierliebe erwarten darf. Im Gegenzug dazu sollte aber auch der Hundehalter auf das Ruhebedürfnis seiner Mitbewohner Rücksicht nehmen und schon im Vorfeld der beabsichtigten Hundehaltung das Gespräch mit dem Vermieter und den Nachbarn suchen.
Für die Eigentumswohnung kann ein generelles Verbot für die Hundehaltung grundsätzlich nicht beschlossen werden. Zulässig ist jedoch nach der Rechtsprechung

(Oberlandesgericht Frankfurt, Az.: 20 W 247/78) ein Eigentümerbeschluß dahingehend, daß die Heimtierhaltung in den Eigentumswohnungen auf eine vertretbare Zahl begrenzt wird. Zugestanden wird so zum Beispiel die Beschränkung auf einen Hund und eine Katze (Bayerisches Oberlandesgericht, Az.: BReg 2 Z 59/71).

Wofür haftet der Hundehalter? Wer haftet, wenn Kinder mit dem Hund unterwegs sind?

Das Bürgerliche Gesetzbuch (BGB) bestimmt in § 8, daß der Tierhalter grundsätzlich haftet, wenn durch ein Tier ein Mensch getötet, verletzt oder eine Sache beschädigt wird.
Man spricht in diesem Zusammenhang von einer sogenannten »Gefährdungshaftung«, das heißt, der Halter des Hundes haftet immer dann, wenn ein der typischen Natur entsprechendes willkürliches Verhalten seines Hundes ursächlich war, wie zum Beispiel Beißen, Wildern etc.
Hinweis: Auch bei einem gut erzogenen Hund läßt sich nicht gänzlich ausschließen, daß dieser seinen eigenen Willen durchsetzt und dadurch Schaden anrichtet. Eine Haftpflichtversicherung für Hundehalter ist daher ein unabdingliches Muß, wenn man solche auf sich oder Familienangehörige zukommenden Regreßansprüche vermeiden will.

Wann und wie lange darf ein Hund in der Wohnung oder im Garten bellen?

Fühlt sich ein Nachbar durch Hunde so geräuschlich beeinträchtigt, daß die normale Phonstärke überschritten wird, so kann er vom Hundehalter Unterlassung verlangen und kann dies sogar gegebenenfalls gerichtlich durchsetzen. Dies gilt selbst bei der Haltung eines Wachhundes (Oberlandesgericht Düsseldorf, Az.: 5 Ss OWi170/90 – OWi 87/90 I). So hat das Oberlandesgericht Hamm (Az.: 22 U 249/88) entschieden, daß das Bellen der Tiere den Nachbarn in seiner Rechtsstellung als Grundstückseigentümer stets beeinträchtigt. Es ist dabei unmaßgeblich, ob das Hundegebell eine gewisse Phonzahl übersteigt. Geräusche, welche nämlich die Aufmerksamkeit in besonderem Maße auf sich ziehen, sind stets störende Beeinträchtigungen, dies auch dann, wenn sie diejenige Phonstärke nicht überschreiten, bei der selbst Verkehrs- und Industriegeräusche noch hinnehmbar sind. So setzte das Oberlandesgericht folgende »Bellzeiten« fest: Insgesamt nicht länger als 30 Minuten täglich, nicht länger als 10 Minuten ununterbrochen und dies außerhalb der Zeitspannen von 8.00 – 13.00 Uhr und von 15.00 – 19.00 Uhr.

Gibt es ein bundesweit gültiges Gesetz, daß Hunde die Straße nicht verunreinigen dürfen, oder ist dies Sache der Gemeinde?

Der Hundekot auf dem Gehweg muß nicht sein, aber gleichwohl läßt sich diese Notdurft nicht immer vermeiden. Ordnungsstrafen für den Hundeführer können die Folge sein, da die Rechtsprechung eine abstrakte Gefahr für die Gesundheit der Bevölkerung bejaht hat, wenn Gehwege durch die Notdurft der Hunde verunreinigt werden. Dies ergibt sich aus der medizinisch begründeten Tatsache, daß Hunde gewisse Krankheiten übertragen können (Verwaltungsgerichtshof Mannheim, Az.: I 1996/79). Darüber hinaus bewirkt die Verunreinigung von Gehwegen durch Hundekot auch insoweit eine Gefahr, als sie dazu führen kann, daß Fußgänger ausrutschen und sich dabei verletzen können (Oberlandesgericht Karlsruhe, Az.: 2 Ss 113/82). Wer seinen Hund gar auf einer Spiel- oder Liegewiese seinen Kot absetzen läßt und diesen nicht beseitigt, erfüllt zumindest den Tatbestand einer Ordnungswidrigkeit nach dem Abfallbeseitigungsgesetz, wenn nicht sogar den Straftatbestand einer unterlassenen umweltgefährdenden Abfallbeseitigung nach § 326 Absatz 1 Ziffer 1 Strafgesetzbuch (Oberlandesgericht Düsseldorf, Az.: 5 Ss 300/90-128/90 I).
Hinweis: Entsorgen Sie den Hundekot zum Beispiel mit den praktischen Einmal-Hundekotschaufeln (aus dem Zoofachhandel).

Haltung und Pflege

Eingewöhnen der Welpen
Für den kleinen Welpen bedeutet es eine große Umstellung, weg von Mutter und Geschwistern in eine neue Umgebung gebracht zu werden. Eine zu laute oder stürmische Begrüßung durch Freunde oder Kinder könnte ihn ängstigen. Lassen Sie ihm am Anfang viel Zeit, alles zu beschnüffeln und sein neues Heim zu erkunden. Zeigen Sie ihm seinen Schlaf- und Futterplatz (→ Praxis Ausstattung, Seiten 14 und 15) sowie nach und nach die anderen Räume. Bekommt er nach der ersten Aufregung dann etwas zu fressen, wird er sich in seiner neuen Familie gleich ein bißchen mehr geborgen fühlen. Hat er danach draußen sein Geschäft erledigt, darf er sich an seinem neuen Schlafplatz ausruhen.
Die erste Eingewöhnungszeit sollte ruhig verlaufen und dem kleinen Hund Gelegenheit geben, sich an die neue Umgebung und den Tagesablauf in seiner neuen Familie zu gewöhnen.

Erste Erziehungsmaßnahme: alleine bleiben
Das erste Problem taucht bereits am Abend nach der Ankunft in seiner neuen Familie auf. Der Welpe ist an die ständige Gesellschaft seiner Mutter und Geschwister gewöhnt und soll nun plötzlich ganz alleine die Nacht in seinem Körbchen verbringen.

◁ *Felix krault seinen Rauhhaardackel.*
Ob Dackel und Kind Freunde werden, hängt davon ab, daß das Tier keine schlechten Erfahrungen mit Kindern macht.

Dem Meutetier Hund fällt dies sehr schwer, und es gibt nur wenige Hunde, die das ohne mehr oder weniger lautstarken Protest hinnehmen.
Zur Eingewöhnung bieten sich unterschiedliche Methoden an:
Nachts können Sie den Korb samt Hund neben Ihr Bett stellen. So spürt der Kleine die Nähe eines Lebewesens. Sollte er trotzdem jammern, kann er durch Streicheln oder beruhigenden Zuspruch getröstet werden.
Der Nachteil dieser Methode liegt darin, daß Alleinesein für ihn etwas Unbekanntes bleibt. Müssen Sie ihn tagsüber mal alleine lassen, wird er umso lauter protestieren.
Eine härtere Methode wäre, Sie bringen Hund und Korb in einen Raum, in dem er keinen Schaden anrichten kann. Nur wenn er allzu laut jammert, sollten Sie zu ihm gehen, ihn kurz streicheln, bis er sich wieder beruhigt hat.
Die meisten jungen Hunde finden sich sehr schnell mit der veränderten Situation ab und stellen ihre »Protestgesänge« ein.
Wohnen Sie in einem Mietshaus, ist es ratsam, den Nachbarn die Lage zu erklären und um etwas Nachsicht zu bitten, falls es ein paar Nächte Hundeweinen gibt.
Tagsüber sollten Sie den kleinen Kerl folgendermaßen an das Alleinesein gewöhnen: Sie stellen ihn – natürlich mit dem Korb und am besten mit einem Spielzeug – für kurze Zeit in einem sicheren Raum (zum Beispiel Küche oder Bad) ab. Fängt er zu winseln oder zu heulen an, so schelten Sie ihn aus und

Artgerechte Haltung, liebevolle Pflege und Zuwendung sind die wichtigsten Voraussetzungen dafür, daß Ihr Dackel gesund bleibt und seine natürlichen Verhaltensweisen zeigt.

weisen ihn in seinen Korb. Oder Sie kümmern sich gar nicht darum.
Zuerst lassen Sie ihn nur eine Viertelstunde, wenn er sich ruhig verhält auch länger, allein. Sie dürfen ihn aber nur zu sich holen, wenn er wirklich still ist und nicht etwa Krach macht! Sonst wäre seine Erfahrung: Ich muß nur ordentlich schreien, dann werde ich hier wieder herausgeholt!

So wird der Dackel stubenrein

Soll dieses Erziehungsziel in den ersten 2 bis 3 Wochen erreicht werden, müssen Sie Ihren kleinen Welpen ständig im Auge behalten, denn an seinem Verhalten läßt sich sein Bedürfnis schon vorher erkennen. Das erfordert viel Zeit, Geduld und Konsequenz, die sich jedoch bezahlt machen.

Dieses leicht einsetzbare und einbruchsichere Gitter für Autofenster hat den Vorteil, daß der Hund frische Luft bekommt, wenn er im Auto warten muß.

Eindeutige Anzeichen

Läuft der Hund während des Spiels plötzlich mit gesenktem Kopf schnüffelnd herum, so ist höchste Eile geboten. Beginnt er nachts im Körbchen zu fiepen, ist dies auch ein untrügliches Zeichen.

Regelmäßiges Ausführen

Wichtig ist, den Hund regelmäßig auszuführen, in den ersten Tagen alle 2 bis 3 Stunden.
Der Welpe muß lernen, daß er in ganz bestimmten Abständen hinauskommt – und dort sehr gelobt wird, wenn er sein Geschäft erledigt.

Nach Aufwachen und Fressen

Ein kleiner Hund muß immer dann, wenn er aufwacht oder wenn er gefressen hat. Führen Sie ihn sofort nach dem Aufwachen und Fressen immer an dieselbe Stelle, wo er sein Geschäft verrichten soll, und loben Sie ihn, wenn er erfolgreich war.

Ein fester Platz

Für sein Geschäft muß der Welpe an einen festen Platz gewöhnt werden. Suchen Sie in der Nähe Ihrer Wohnung ein Plätzchen, an dem der Hund in Ruhe sein Geschäft erledigen kann und nicht zum öffentlichen Ärgernis wird. Hundekot auf dem Bürgersteig müssen Sie entfernen, Kinderspielplätze und Sandkisten sind tabu. Zugegeben, in der Großstadt ist es nicht einfach, ein passendes »Hundeklo« zu finden. Sie ersparen sich jedoch viel Ärger und Anfeindungen, wenn Sie in Sachen Hundekot Rücksicht auf Ihre Mitmenschen nehmen.

Sonderfall: »Wohnungstoilette«

Wird der Hund in einer Etagenwohnung, womöglich noch in einem Hochhaus gehalten, ist es nicht immer möglich, sofort mit ihm ins Freie zu gehen. Für diesen Fall hat es sich bewährt, dem Hund einen festen Toilettenplatz, ausgelegt mit einer Zeitung, einzurichten.
Sobald es nötig erscheint, setzen Sie den Kleinen darauf und loben ihn, wenn es geklappt hat.
Zusätzlich gehen Sie regelmäßig mit ihm nach unten. Nehmen Sie die Zeitung mit, legen Sie sie auf einen Grasflecken und loben ihn, wenn er etwas macht. So wird vermieden, daß er sich nur an die Wohnungstoilette gewöhnt.

Das Malheur ist passiert

Hat der Hund in der Wohnung sein Geschäftchen doch mal an nicht geeigneter Stelle verrichtet, helfen ein scharfes »Pfui« oder »Aus« nur, wenn sie unmittelbar auf die Tat folgen. Lautes Schelten oder gar Strafen ängstigen den Hund. Die Erziehung zur Stubenreinheit wird dadurch nur erschwert.
Säubern Sie die Stelle mit einem Desinfektionsmittel oder einem Essig/Wassergemisch, damit Ihr Hund nicht wieder an diesen Platz geht.

Plötzlich auftretende Störungen
Ist der Hund einmal stubenrein, bleibt er es in der Regel auch. Forschen Sie deshalb nach den Gründen, die den Hund veranlassen, plötzlich an »unerlaubte« Stellen zu machen. Ist eine körperliche Erkrankung vom Tierarzt ausgeschlossen, könnte es auch ein seelisches Problem sein, das den Hund aus dem Gleichgewicht gebracht hat: Gab es irgendwelche Veränderungen in der Familie? Hat ein Umzug stattgefunden? Gibt es ein neues Baby in der Familie, auf das der Hund eifersüchtig sein könnte? Haben Sie nicht mehr soviel Zeit für den Hund? In solchen und ähnlichen Fällen kann man dem Hund meist mit vermehrter Zuwendung helfen.

Täglich: Fell bürsten

Die wichtigste Pflegemaßnahme für alle drei Haararten ist das tägliche Bürsten. Man bürstet erst gegen, dann mit dem Strich. Das reinigt nicht nur das Haarkleid, sondern ist auch eine wohltuende und durchblutungsfördernde Massage.
Der Kurzhaardackel ist am »pflegeleichtesten«, denn an seiner kurzen Behaarung kann kaum etwas hängenbleiben. Regelmäßiges Bürsten genügt.
Beim Rauhhaardackel muß nach jedem Haarwechsel, im Frühjahr und Herbst, das glanzlose, abgestorbene Haar herausgezupft werden. Das Zupfen bereitet Ihrem Hund keinerlei Schmerzen, denn dieses Haar ist wurzellos.
Beim Langhaardackel hingegen wird das lange und seidige Haar nach dem sorgfältigen Bürsten noch durchgekämmt. Verfilzungen, die besonders hinter den Behängen und an den länger behaarten Stellen auftreten können, löst man am besten mit der Hand. Nur in ganz extremen Fällen schneidet man die verfilzten Haare ab.

Samen aller Art aus Wald und Feld setzen sich gerne im Fell des Hundes fest. Gefährlich werden kann es, wenn die Samen von den Behängen in den Gehörgang »klettern« und dort zu Entzündungen führen (→ Ohren, Seite 26). Nach jedem Spaziergang durch Wiesen und Felder muß der Hund daheim von diesen lästigen Mitbringseln befreit werden. Am besten geht das mit einem Staubkamm.
Schauen Sie auch besonders die Innenseiten der Behänge nach.
Kletten sind auch sehr unangenehm. Sie können sich so in den Haaren, an Brust, Bauch und Beinen verfilzen, daß der Hund nicht mehr weiterlaufen will. Um dies zu vermeiden, habe ich immer eine kleine Schere bei mir, mit der ich die Kletten möglichst schnell und sicher entfernen kann.
Hinweis: Weitere Pflegemaßnahmen, die in bestimmten Zeitabständen vorgenommen werden müssen, finden Sie auf den Seiten 26 und 27.

Markieren. Vor allem Rüden markieren ihr Revier, indem sie das Bein heben und einige Tropfen Urin abgeben. Sie überdecken so die »Duftnote« ihres Vorgängers.

Die beiden Kurzhaardackel lassen keine Gelegenheit aus, ein erfrischendes Bad zu nehmen.

Zum Foto:
Manche Dackel sind regelrechte »Wassernarren«. Erziehen Sie Ihren Dackel so, daß er nur dann ein Bad nimmt, wenn Sie es ihm erlauben. Unkontrollierte Bäder – beispielsweise bei kühler Witterung – können zu Erkältungskrankheiten des Hundes führen.

Mit dem Dackel unterwegs
Grundsätzlich können Sie Ihren Dackel fast überallhin mitnehmen – Sie müssen ihn nur langsam an bestimmte Situationen wie zum Beispiel eine Autofahrt oder einen Stadtspaziergang gewöhnen.

In der Stadt
Nehmen Sie Ihren Hund in der Stadt immer an die Leine, ganz gleich, ob er an das Stadtleben gewöhnt ist oder sich dort nur zu Besuch aufhält. Er wird durch ein Fahrzeug erschreckt oder plötzlich erweckt etwas seinen Jagdtrieb und schon rennt er drauf los. Diese unvorhergesehenen Reaktionen sind in der Stadt besonders gefährlich.
Ein Set zur Beseitigung von Hundekot (Einwegschaufel und Beutel aus Papier) sollten Sie immer dabei haben, für den Fall, daß Sie keine öffentliche Hundetoilette oder einen sonst geeigneten Platz gefunden haben, denn nicht nur, daß ein Hundehaufen auf dem Bürgersteig den Mitmenschen gegenüber rücksichtslos ist, manche Städte erheben dafür Strafgebühren.
Hinweis: Sets zur Beseitigung von Hundekot erhalten Sie im Zoofachhandel. Viele Städte bieten diese Sets auch in Automaten an.

Im Auto
Im Auto sollte der Hund seinen festen Platz haben. Bei kleinen Hunden ist dies vorne auf der Fußmatte vor dem Beifahrersitz. Während der Fahrt lassen Sie den Hund nicht aus dem geöffneten Fenster schauen! Schlimme Augen- und Ohrenentzündungen können neben starkem Katarrh die unangenehmen Folgen sein. Sorgen Sie bei längeren Fahrten für re-

gelmäßige Pausen, damit der Hund sich bewegen und sein Geschäft erledigen kann und vergessen Sie nicht, ihm zwischendurch frisches Wasser zu geben. Im Sommer sollte der Hund bei hohen Temperaturen nur im Notfall für kurze Zeit alleine im Auto gelassen werden. Lassen Sie immer ein Fenster offen, damit der Hund ausreichend Frischluft hat. Im Fachhandel sind einbruchsichere Fenstergitter erhältlich (→ Zeichnung, Seite 22).
Sie sollten es sich zur Gewohnheit machen, Ihren Hund immer anzuleinen, bevor Sie aussteigen, denn so manch armer Dackel kam vor Freude über die neu gewonnene Freiheit unter die Räder eines anderen Autos.
An der Fahrkrankheit leiden vor allem junge Dackel manchmal. Der Tierarzt kann dem Hund ein Medikament gegen Übelkeit verordnen. Erfolgreich habe ich jedoch die Methode erprobt, den Dackel allmählich an das Gefahrenwerden zu gewöhnen. Dabei müssen allerdings zwei Personen mit Zeit und Geduld zur Verfügung stehen: der Fahrer und eine Begleitperson. Ruhige Straßen sind ebenfalls erforderlich, weil mehrmals und zwar möglichst schnell am Straßenrand angehalten wird. Der Hundehalter muß den Hund genau beobachten, denn nahezu immer zeigt er an, daß ihm schlecht wird.
Starkes Hecheln, nervöses Lecken, allgemeine Unruhe signalisieren: Stop! Steigen Sie schnell mit dem – natürlich angeleinten – Hund aus, lassen Sie ihn schnuppern und eventuell sein Geschäft erledigen; er wird abgelenkt, bekommt Sauerstoff in die Lungen und fühlt sich wieder besser.
Dieser Vorgang muß natürlich mehrmals wiederholt werden.

Urlaubsreisen

Sie können Ihren Dackel in fast alle Länder der Welt mitnehmen, wenn Sie die vorgeschriebenen Quarantänebestimmungen einhalten. Nicht möglich ist der Urlaub mit dem Hund in England, Irland, Schweden, Norwegen und Finnland, da in diesen Staaten eine mehrmonatige Quarantäne vorgeschrieben ist.
Papiere: Fast alle Länder verlangen bei der Einreise den Nachweis einer Tollwutschutzimpfung, in manchen Ländern ist auch ein amtstierärztliches Attest vorgeschrieben. Erkundigen Sie sich bei Ihrem Tierarzt, im Zweifelsfall beim zuständigen Konsulat nach den Bestimmungen.
Öffentliche Verkehrsmittel: Sie stellen für einen gut erzogenen Hund meist kein Problem dar. Nur müssen Sie sich bei den einzelnen Gesellschaften (Bahn, Flugzeug- oder Schiffsgesellschaft) bzw. beim Reisebüro nach den Bedingungen erkundigen. Bei der Fluggesellschaft ist zum Beispiel abzuklären, ob der Hund im Passagierraum oder im Frachtraum fliegen darf. Für Fahrten im Frachtraum ist eine spezielle Transportbox nötig.
Reiseapotheke: Denken Sie beim Zusammenstellen Ihrer eigenen Reiseapotheke auch an Ihren Hund. Als sehr nützlich haben sich für den Hund Verbandszeug, Wundsalbe, Flohspray, Tierkohle gegen Durchfall und Paraffinöl gegen Verstopfung erwiesen.
Hinweis: Halten Sie Ihren Hund während der Fahrt knapp mit Futter, er verhungert nicht gleich. Aber denken Sie immer an das lebenswichtige frische Wasser.

Da ein Dackel weder getrimmt noch geschoren werden darf, ist seine Pflege verhältnismäßig einfach und verursacht kaum Kosten. Sie können fast alle Pflegemaßnahmen selbst vornehmen.

Kontrolle der Ohren

Zeichnung 1

Häufiges Kratzen und Schütteln können auf eine Entzündung oder auf einen Fremdkörper in den Ohren hinweisen. Ohren, die stark gerötet sind oder schwarzbraunes, eitriges oder gar blutiges Sekret absondern, müssen vom Tierarzt behandelt werden.

Durch regelmäßige Kontrolle und Pflege der Ohren kann dies weitgehend vermieden werden. Reinigen Sie einmal wöchentlich die Ohren Ihres Dackels mit einem im Zoofachhandel erhältlichen flüssigen Ohrenreinigungsmittel. Mit einer Pipette wird etwas Flüssigkeit in die Ohrmuschel eingeträufelt, dann gründlich einmassiert. Anschließend, wenn sich Ohrenschmalz oder Verschmutzung gelöst haben, putzt man ganz vorsichtig mit einem spitz gedrehten Papiertaschentuch die Ohren nach.

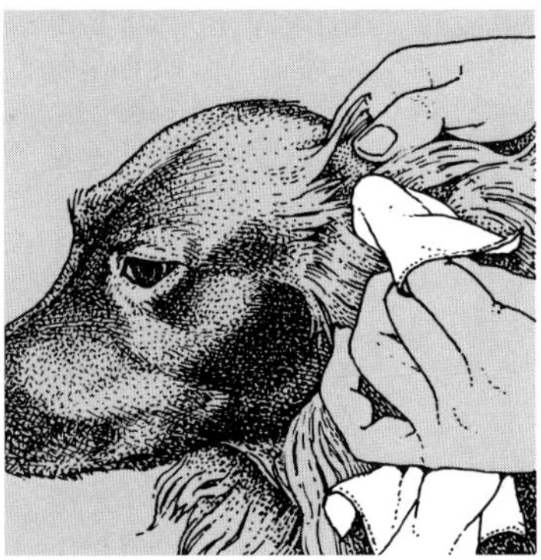

1 Ohren mit einem spitz zugedrehten Papiertaschentuch auswischen.

Zahnpflege

Zeichnung 2

Einmal wöchentlich können die Zähne des Hundes mit einer Spezialzahncreme (erhältlich im Fachhandel) geputzt werden. Kontrollieren Sie das Gebiß regelmäßig auf Zahnsteinbildung. Verhärteter Zahnstein muß vom Tierarzt entfernt werden. Richtige Ernährung kann Zahnstein verhindern.

Geben Sie Ihrem Dackel als Ausgleich zum Weichfutter auch etwas Festes wie Büffelhautknochen zum Beißen. Durch den mechanischen Abrieb der Zähne wird Zahnstein vermieden.

Um einer Mißstellung des Gebisses vorzubeugen, sollten Sie beim heranwachsenden Dackel im Alter von 5 – 7 Monaten auf den Zahnwechsel achten. Besonders bei Kleinteckeln kommt es häufig vor, daß die ersten Fangzähne – auch Reißzähne genannt – nicht rechtzeitig von alleine herausfallen. Die bleibenden Fangzähne wachsen dann hinter den noch festsitzenden Milchzähnen. Das Knabbern an einem Kalbsknochen wirkt hier oft Wunder! Sollte diese Maßnahme ohne Erfolg bleiben, muß der Tierarzt die Milchzähne ziehen.

Baden – aber nicht zu oft

Jeder Dachshund benötigt etwa zwei Jahre zur Ausreifung seines Haarkleides. Die Haut des Dackels produziert, besonders wenn er noch in der Entwicklung steht, ein spezielles Haarfett, das ihm bei jeder Witterung, bei Sonne, Regen, Schneefall und eisiger Kälte als Isolierschicht dient. Je öfter Sie Ihren Teckel mit Shampoo baden, um so weicher wird seine Behaarung, und er wird erkältungsanfälliger.

Ein Abbrausen mit klarem, lauwarmem Wasser genügt in der Regel vollkommen für die Reinigung Ihres Hundes, denn sauber wird er auch durch fleißiges Bürsten. Sollte doch einmal ein richtiges Bad notwendig sein, verwenden Sie nur spezielles Hundeshampoo. Schützen Sie beim Abduschen die Augen des Hundes mit der Hand. Um eine Erkältung zu vermeiden, sollten Sie den Hund gut trockenreiben und anschließend sein Fell in einem warmen Raum trocknen lassen oder fönen.

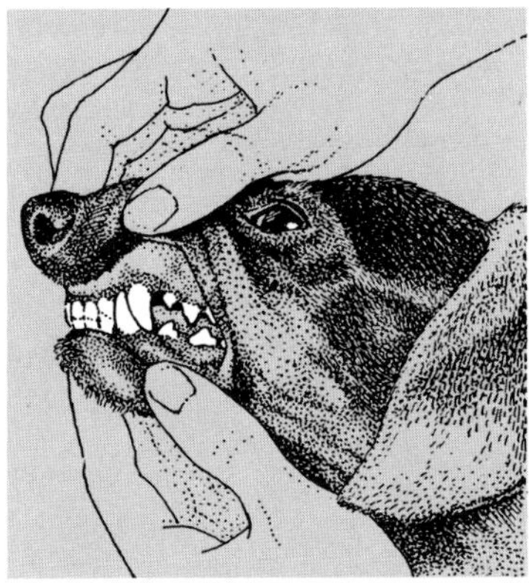

2 Zahnkontrolle: Lefzen vorsichtig nach oben und unten ziehen.

Pfoten

Die Behaarung des Dackels kann besonders in der kalten Jahreszeit schnell wachsen und sogenannte »Flossen« bilden. Hunde, die sich hauptsächlich auf weichem Gras- und Waldboden bewegen, laufen ihre Behaarung zwischen den Fußballen nicht ab. Diese langen Haare müssen mit einer Schere ab- und ausgeschnitten werden, damit sich im Winter oder bei feuchtem Wetter keine Eis- bzw. Erdklumpen zwischen den Fußballen bilden können. Diese Klümpchen machen einem Dackel oft so schwer zu schaffen, daß er einfach nicht weiterlaufen mag.

Ballen und Krallen

Eis, Schnee und Streusalz können den Pfoten Ihres Dackels schwer zu schaffen machen. Reiben Sie deshalb vor einem Winterspaziergang die Ballen vorsichtig mit Fettcreme oder Hirschtalg ein.
Zu lange gewachsene Krallen können den Hund beim Laufen behindern und die Pfotenhaltung schmerzhaft verändern. Mit einer Krallenzange wird daher von Zeit zu Zeit gekürzt, was zu lang ist. Das muß vorsichtig geschehen, damit der schmerzempfindliche, durchblutete Teil der Kralle nicht verletzt wird. Auch der Tierarzt kürzt zu lange Krallen ein.

Pflege der Augen

Zeichnung 3
Während des Schlafes können sich in den Augenwinkeln des Hundes kleine Absonderungen bilden. Augensekret mit einem feuchten, nicht fusselnden Tuch leicht abwischen oder ein Wattestäbchen zur Hilfe nehmen.

Enfernen von Ungeziefer

Zeichnung 4
Auch der bestgepflegte Hund kann einmal mit Ungeziefer nach Hause kommen. Untersuchen Sie Ihren Dackel deshalb regelmäßig auf Ungeziefer, damit Sie ihn schnell davon befreien können. Durch Unruhe und häufiges Kratzen wird Ihnen Ihr Hund anzeigen, wenn er sich Hautparasiten eingehandelt hat. Mit einem Staubkamm – auch Läusekamm genannt – können Sie eine Kontrolle des Felles durchführen.
Flöhe gibt es das ganze Jahr über. Haben Sie bei Ihrem Hund welche entdeckt, können Sie zur Bekämpfung zwischen Puder, Shampoo und Spray wählen. Wichtig ist dabei, auch Liegestatt und

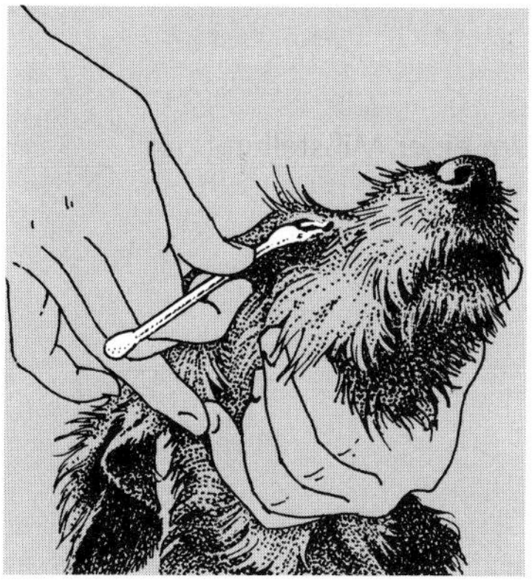

3 Augensekret mit einem Wattestäbchen vorsichtig entfernen.

Schlafdecke sowie deren gesamte Umgebung wie Fußleisten und Teppiche in die Behandlung mit einzubeziehen.
Die gesamte Behandlung sollte innerhalb einer Woche wiederholt werden, da aus den nicht ab-

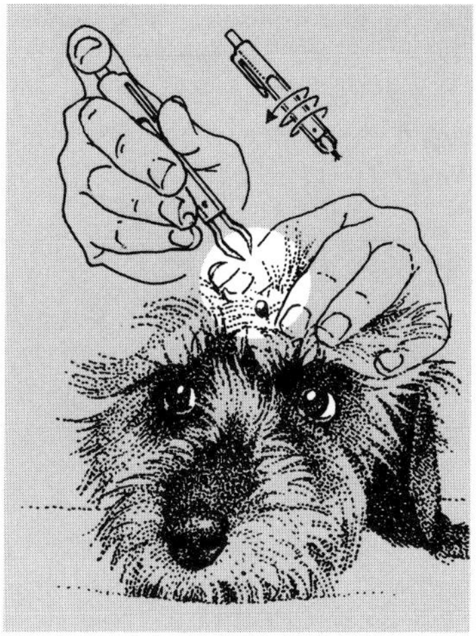

4 Zecke mit Öl beträufeln und mit einer Zeckenzange herausdrehen.

getöteten Floheiern neue Flöhe schlüpfen können.
Da Flöhe als Zwischenwirt den Bandwurm übertragen können, muß ein Hund, der Flöhe hat, auch entwurmt werden!
Zecken haben von Anfang Juni bis Mitte September Hochsaison. Auf den Hund können sie Borreliose, eine Haut- und Gelenkerkrankung, übertragen. Hat sich eine Zecke festgebissen, betupfen Sie diese mit etwas Speise- oder Babyöl. Nach kurzem Einwirken des Öls drehen Sie die Zecke so lange gegen den Uhrzeigersinn, bis sie sich löst. Am besten gelingt dies mit einer Zeckenzange aus dem Fachhandel. Beim Herauslösen der Zecke darf der Kopf nicht steckenbleiben; es kann sonst zu Entzündungen kommen!
Um den Hund vor weiterem Parasitenbefall zu bewahren, legt man ihm am besten ein Anti-Parasiten-Halsband um (Zoofachhandel).

Die richtige Ernährung

Gesunde Ernährung ist für Dackel ebenso wichtig wie für Menschen. Wer glaubt, daß er seinem Hund besondere Liebe beweist, indem er ihm ständig Leckerbissen zuschiebt, irrt gewaltig.
Im Gegenteil, der Hund wird zu dick und kann lebensbedrohende Krankheiten bekommen.

Man ist, was man ißt – das gilt für Mensch und Tier. Für das Wachstum des Hundes, für sein Wohlbefinden und die Erhaltung seiner Gesundheit – besonders im Alter – ist es außerordentlich wichtig, daß der Hund richtig, sprich artgerecht, ernährt wird.

Artgerechte Ernährung
Der Hund ist zwar ein Fleischfresser, er darf jedoch nicht ausschließlich mit Muskelfleisch ernährt werden. Sein Organismus gleicht dem seines Stammvaters, des Wolfes, und ist darauf eingestellt, pflanzenfressende Kleintiere zu verdauen und zu verwerten. Diese Beutetiere werden mit Haut und Haaren, mit Sehnen, Bändern und Knochen verschlungen. Der Magen und die Eingeweide des Opfers enthalten unverdauten Speisebrei, der überwiegend aus pflanzlichen Stoffen besteht.
Auf diese Weise werden dem Körper Ballaststoffe, Eiweiß, Kohlenhydrate, Fette, Mineralstoffe wie Kalzium und Phosphor, Vitamine und Spurenelemente zugeführt.

Fertignahrung
Fertignahrung hat viele Vorteile: Sie ist problemlos und schnell zubereitet und enthält alles, was Ihr Dackel braucht: Ein ganzes Team von Spezialisten sorgt für die ernährungswissenschaftlich richtige Mischung.
Naß- oder Dosenfutter (Wassergehalt 75 %) wird in der Hundefütterung am häufigsten verwendet. Eine Vollnahrung, die alle Nähr- und Aufbaustoffe enthält. Die Industrie bietet zwei Arten des Dosenfutters an:
Eine, die hauptsächlich Fleisch bzw. proteinhaltige Rohmaterialien enthält (Muskelfleisch, Pansen, Herz, Leber und Lunge).
Die zweite Art ist mit Kohlehydraten in Form von Getreide (Reis, Gerste, Hafer, Weizen oder Mais) angereichert.
Bevorzugen Sie Dosenfutter mit wenig chemischen Zusätzen. Damit Zähne und Zahnfleisch gesund bleiben, muß der Hund zusätzlich zum weichen Dosenfutter etwas Festes zum Beißen bekommen wie zum Beispiel Kalbsknorpel oder Knochen (→ Knabberkost, Seite 30).
Halbfeuchtfutter (Feuchtigkeitsgehalt 25% – 30%) und Trockenfutter (Feuchtigkeitsgehalt 10% – 20%) sind im Verhältnis zum Dosenfutter wesentlich konzentrierter und damit energiehaltiger. Die dem Futter entzogene Feuchtigkeit muß durch entsprechende Flüssigkeitsaufnahme ersetzt werden. Stellen Sie Ihrem Hund ausreichend frisches Trinkwasser zur Verfügung. Trockenfutter kann auch in Gemüse, Knochenbrühe oder Wasser eingeweicht werden.

So wird Fertigfutter verfüttert
Beim Füttern von Fertignahrung gibt es ein paar Regeln zu beachten:

- Um Durchfall beim Hund zu vermeiden, soll Dosenfutter immer mit Flocken gemischt werden (2/3 Naßfutter, 1/3 Beimischung an Flocken- und Gemüsekombinationen).
- Wenn Sie Dosenfutter direkt aus dem Kühlschrank servieren, fügen Sie heißes Wasser hinzu – sonst kann der Hund ebenfalls Durchfall bekommen.
- Füttern Sie Trockenfutter, ist es ganz wichtig, darauf zu achten, daß frisches Wasser für den Dackel bereitsteht.

Zwei gute Freunde – der Rauhhaardackel »Waldi« und der Kurzhaardackel »Gümperle«.

Mein Tip: So ausgewogen Fertigfutter sein mag – auch der Hund liebt Abwechslung und freut sich über ein speziell für ihn gekochtes Menü. Worauf Sie dabei zu achten haben, erfahren Sie auf den Seiten 34 und 35.

Futterplatz und Futterzeiten

Wer ißt, hat dabei gerne seine Ruhe. So auch der Dackel: Seine Futter- und Wasserschüsseln sollen an einem Platz stehen, an dem er ungestört fressen kann und der ihm rund um die Uhr zugänglich ist, damit er trinken kann, wann er will. Führen Sie feste Essenszeiten ein, an die der Hund sich gewöhnen kann. Der erwachsene Hund (ab 12 Monate) sollte mittags die Hauptmahlzeit bekommen und abends noch eine kleine Zusatzration. Wenn diese Futterzeiten Ihrem Lebensrhythmus nicht entsprechen, können Sie die Hauptmahlzeit auch auf den Morgen oder den frühen Abend verlegen. Sie müssen allerdings in jedem Fall dafür sorgen, daß der Hund vier bis sechs Stunden nach dem Fressen »Gassi« geht, damit er sein »Geschäft« erledigen kann.

Übergewicht. Hunde, die zu dick sind, leiden häufig an massiven Gesundheitsstörungen, wie zum Beispiel Gelenk- und Bandscheibenbeschwerden. Hier hilft nur eine Diät (→ Seite 32).

Trinken ist wichtig

Für den Hund muß immer frisches Wasser bereitstehen. Milch ist kein Getränk, das er täglich zu sich nehmen sollte, da sie unverdünnt abführende Wirkung hat. Vor allem bei alten Hunden kommt es oft vor, daß sie zu wenig trinken. Wenn Ihr Hund kein Wasser trinkt, aber Milch mag, bieten Sie ihm mit 50 % Wasser verdünnte Milch an. Kontrollieren Sie aber, ob Ihr Dackel nicht mit Durchfall darauf reagiert.

Knochen für den Hund

Es ist für die Erhaltung und Pflege des Gebisses außerordentlich wichtig, daß Ihr Dackel etwas zu beißen bekommt. Vor allem, wenn er überwiegend mit weichem Fertigfutter gefüttert wird, muß man ihm zum Ausgleich Kauknochen aus Büffelhaut, Ochsenziemer, festen Hundekuchen oder Knochen geben. Knochen sollte er nicht öfter als zweimal pro Woche bekommen. Am besten geeignet sind Gelenkstücke großer Knochen von Kalb und Rind, sogenannte Kugelknochen.
Vorsicht ist bei Geflügel- und Schweineknochen geboten: Die Röhrenknochen des Geflügels splittern und können zu Verletzungen im Darmbereich führen. Schweinerippen, also Kotelettes oder Spare Ribs, darf man nur in sehr geringen Mengen verfüttern: Wenn der Hund zu viele dieser Knochen frißt, führt das zu Verstopfung mit steinhartem Kot, im Extremfall sogar zu Darmverschluß.

Die Ernährung des jungen Hundes
Junge Hunde brauchen eiweiß- und mineralstoffreichere Nahrung als erwachsene. Der Zoofachhandel hält daher spezielle Welpenkost bereit. Wenn Sie einen jungen Hund bekommen, ist er in der Regel zwischen acht und neun Wochen alt. Erkundigen Sie sich beim Vorbesitzer, wie der Hund bislang ernährt wurde. Lassen Sie sich etwas vom gewohnten Futter mitgeben, das erleichtert dem kleinen Kerl die Umstellung. Ein junger Hund muß mehrmals am Tag gefüttert werden und zwar nach folgendem Zeitplan:

- viermal täglich

bis zum Alter von drei Monaten,

- dreimal täglich

bis zum Alter von sechs Monaten

- danach zweimal täglich.

Die Ernährung des alten Hundes
Vom »alten« Hund spricht man, wenn der Dackel über zehn Jahre alt ist. Da Leber, Nieren und Darm im Alter nicht mehr so gut funktionieren, braucht der alte Hund kohlenhydratreiche Nahrung, die er leichter verdauen kann. Für den Speiseplan bedeutet das: reduzierte Fleischportionen, dafür mehr Flocken, Reis oder Gemüse.

Falsche Ernährung macht krank
Einem Dackel geht es nicht besser als manchem Herrchen oder Frauchen: Er hat Gewichtsprobleme. Dabei leiden unsere Hunde weniger an Unterernährung und den daraus resultierenden Mangelerscheinungen. Sie haben vielmehr Probleme damit, daß sie zuviel des Guten bekommen.
Das beginnt schon im frühen Kindesalter. Manche Züchter, die besonders kräftige, große Hunde hervorbringen wollen, empfehlen, den wachsenden Hund mit einem Überangebot an eiweiß- und energiereicher Nahrung, an Vitaminen und Mineralien zu versorgen. Die Folge sind Wachstumsstörungen der Knochen und Gelenkerkrankungen.
Andere Hunde sind schlicht und einfach zu dick. Ob Ihr Hund dazugehört, können Sie folgendermaßen feststellen: Tasten Sie hinter den Schultern auf mittlerer Höhe des Brustkorbs nach den Rippen. Sie dürfen nur mit einer geringen Fettschicht bedeckt sein und müssen sich gut ertasten lassen. Sind die Rippen nicht zu fühlen, ist der Hund zu dick (→ Zeichnung links).
Hündinnen sind in der Regel verfressener als Rüden, nach einer Kastration neigen beide Geschlechter zum übermäßigen Fressen. Auch bei alten Hunden, die sich nicht mehr viel bewegen, ist Übergewicht häufig. Gerade sie sollten aber schlank sein, denn Übergewicht fördert Gelenk- und Bandscheibenbeschwerden im Alter. Folgen von Übergewicht sind außerdem erhöhte Kreislaufbelastung und dadurch bedingte Trägheit. Setzen Sie Ihren Hund deshalb auf Diät, wenn er zu fett ist.
Eine Diät kann auch nötig sein, wenn Ihr Hund allergisch auf bestimmtes Futter reagiert oder sich den Magen verdorben hat. Auf den Seiten 32 und 33 finden Sie deshalb einige Diätvorschläge. Bedenken Sie immer, daß Sie Ihrem Hund mehr Liebe beweisen, wenn Sie ihn artgerecht ernähren, als durch alle Leckerbissen, die Sie ihm zuschieben.

Wichtige Futterregeln

- Die Hundenahrung sollte artgerecht und ausgewogen sein.
- Der Hund sollte immer zu gleichen Zeiten gefüttert werden.
- Futterreste dürfen nicht wiederverwendet werden.
- Unmittelbar nach dem Fressen soll der Hund ruhen.
- Der Futternapf sollte nur mit heißem Wasser gereinigt werden. Spülmittel oder Seife bekommen der Hundenase nicht.
- Essensreste sind kein Hundefutter.
- Das Futter sollte immer Zimmertemperatur haben.

Futtermenge bei Diäten

- Die Futtermenge richtet sich nach dem individuellen Bedarf des Hundes und kann je nach Alter und Bewegung, vor allem aber nach der Fähigkeit, die Nährstoffe zu verwerten, bei den einzelnen Hunden sehr unterschiedlich sein. Zur groben Orientierung gilt:
- Pro Tag 250 g Gesamtfutter je 10 kg Körpergewicht des Hundes.

In respektvollem Abstand beobachtet der Welpe den Igel.

Abmagerungsdiät

Vor allen kastrierte Hunde oder Hunde mit hormonellen Störungen fressen in ihrem »Müllschluckerdrang« alles in sich hinein. Um diesen Drang zu lindern, sollte man Futter geben, das reich an Rohfasern ist.

Das ideale Rezept:

- 50 % gegartes Gemüse aller Art (außer Kartoffeln) als Kohlenhydratersatz,
- 25 % Getreidekleie, Luzernengrünmehl oder Rübentrockenschnitzel (in Bioläden erhältlich),
- 25 % Pansen, Euter, Lunge als Fleischersatz.
- 1 Teelöffel pflanzliches Öl je 10 kg Körpergewicht.

Wichtig: Fleisch sollte immer ohne Fett, Milchprodukte nur in Magerstufen zugefüttert werden.
Als Fertigfutter (Trocken- oder Dosenfutter) erhalten Sie Abmagerungs-Diäten beim Tierarzt oder im Zoofachhandel.

Allergie-Diät

Trockenfutter löst durch die enthaltenen Konservierungsstoffe gelegentlich Futterallergien aus. Aber auch bei selbstgekochtem Futter (→ Seite 34/35) können Allergien in Form von Durchfall oder Hauterkrankungen auftreten. Man versucht dann, durch ein möglichst neutrale Diät herauszufinden, worauf der Hund allergisch reagiert.

Das ideale Rezept:

- 50 % Lammfleisch, Geflügel oder Quark und
- 50 % Reis.

Wichtig: Diät 1 Woche lang füttern, bis die Symptome verschwinden. Dann die einzelnen Bestandteile des Futters, das die Allergie ausgelöst hat, hintereinander zufüttern, um so die Ursache zu finden.
Als Fertigfutter erhalten Sie Allergie-Diäten beim Tierarzt.

Einträchtig um den Futternapf versammelt stillen die fünf jungen Dackel ihren Hunger.

Magen-Darm-Diät

Beschwerden im Magen-Darm-Bereich sind mit Erbrechen und Durchfall verbunden. Den Hund deshalb vor Beginn der Diät 1 Tag hungern lassen, und an diesem Tag statt Wasser schwarzen Tee mit Süßstoff in kleinen Mengen anbieten oder eingeben.

<u>Die Zutaten</u> der Diät müssen

- kohlenhydratreich (etwa 70 %),
- eiweißarm (etwa 30 %) und
- sehr fettarm sein.

<u>Das ideale Rezept:</u>

- 70 % Haferschleim oder Reisbrei, mit Fleischbrühe schmackhaft gemacht,
- 30 % zerkleinertes Hühnerfleisch,
- 1 Teelöffel pflanzliches Öl je 10 kg Körpergewicht,
- 1/2 Teelöffel Vitamin-Mineralstoff-Mischung je 10 kg Körpergewicht bei Diät über einen längeren Zeitraum.

<u>Wichtig:</u> Das Diätfutter in 3 bis 4 Rationen über den Tag verteilt geben. Der Hund bekommt kein Wasser, sondern nur schwarzen Tee zu trinken.

<u>Als Fertigfutter</u> erhalten Sie Magen-Darm-Diäten beim Tierarzt.

Dackel erziehen

Lob ist die wichtigste Grundlage einer erfolgreichen Hundeerziehung, nicht Strafe und Drill. Ein Hund soll freudig bei seiner Erziehung mitwirken und nicht aus Angst den Befehlen folgen.

Wer erzieht wen?
Schon oft habe ich mich mit stillem Vergnügen gefragt, in welchem Maß ich eigentlich von meinen Dackeln erzogen worden bin. Beobachten Sie einmal, wie das Zusammenleben mit Ihrem Dackel Sie so ganz allmählich verändert. Wie Sie, falls Sie den Begriff »Ordnung« bis dahin etwas großzügig aufgefaßt haben, durch den jungen Hund zu peinlicher Ordnung erzogen werden – weil er vielleicht herumstehende Schuhe oder was er sonst noch findet zernagt. Oder wie pünktlich Sie auf einmal geworden sind, weil der Kleine zu ganz bestimmten Zeiten Gassi geführt werden muß. Unser »gut erzogener, gehorsamer« Dackel hat uns unmerklich ebenso gründlich erzogen wie wir ihn! Trotzdem:

Erziehung muß sein
Nur ein gut erzogener Hund macht wirklich Freude, nur auf den folgsamen Hund können Sie sich wirklich verlassen. Ein Mangel an Erziehung bringt auch Gefahren für den Hund mit sich, besonders im Straßenverkehr, aber auch in Wald und Flur, wo ein streunender oder hetzender Hund vom Jäger erschossen werden kann. Auf die Erziehung sollte daher – besonders natürlich beim Dackel, der als eigenwillig gilt – von Anfang an großer Wert gelegt werden.
Dazu gehört viel Zeit, Geduld und Konsequenz.

Grundregeln der Hundeerziehung
1. Beginnen Sie mit der Erziehung, sobald der Hund zu Ihnen ins Haus kommt.
2. Als erstes müssen Sie den Hund zur Stubenreinheit erziehen (→ Seite 22). Andere Erziehungsziele sind erst ab dem dritten Lebensmonat des Hundes sinnvoll.
3. Ohne Autorität geht es nicht. Wer dem Hund keine klaren Grenzen setzt und nicht an der Durchsetzung seines Willens festhält, läuft Gefahr, daß ihn das Tier nicht als Rudelführer anerkennt und nicht gehorcht.
4. Verwenden Sie für den gleichen Vorgang immer das gleiche Wort (wie »Aus«, »Pfui«, »Platz« oder »Komm«). Nur so kann der junge Hund begreifen, was der menschliche Laut bedeutet.
5. Lob und Tadel dürfen nur stets in unmittelbarem Zusammenhang mit dem Tun des Tieres geäußert werden, sonst kann er die Vorgänge nicht miteinander verknüpfen.
6. Gelobt wird mit freundlicher, sanfter Stimme – getadelt in strengem Ton.
Ein Hund muß von klein auf lernen, daß ein kurzes, hartes »Nein« ein zu respektierendes Verbot ist.
7. Müssen Sie den Hund einmal strafen, dann brüllen oder schlagen Sie nie! Die hundgerechte Strafe ist, ihn am Nacken zu packen und kurz zu schütteln. So macht es auch die Hündin mit ihren Welpen.
8. Ein Dackel braucht viel Beschäftigung und reichlich Bewegung. Er möchte gefordert werden, sonst fühlt er sich unausgelastet. Aber überfordern Sie ihn nicht!
9. Dem jungen Hund soll soviel wie nur irgend möglich im Spiel beigebracht werden. Erfreuliche Erfahrungen fördern seine Bereitschaft zum Gehorsam.

Schon seit alters her wird der Dackel als Jagdgebrauchshund eingesetzt.

Hundeerziehung erfordert Geduld und Konsequenz. Die nachfolgenden Übungen zeigen, wie Sie dem Hund das beibringen, was er zum Überleben und zum Zusammenleben mit Ihnen unbedingt können muß.

Hund und Leine
Zeichnung 1
Leinenführigkeit ist etwas, was der Dackel sofort lernen muß.

1 Das Gehen an der Leine gehört zu den wichtigsten Übungen.

An die Leine gewöhnen
Am Anfang wird sich der kleine Hund durch die Leine nur widerwillig in seinem Bewegungsdrang hemmen lassen. Wichtig ist, daß Sie ihm mit der Zeit das Gefühl vermitteln, die Leine ist die Verbindung zu meinem Herrn, sie ist kein »Marterinstrument«. Erste Leinen-Geh-Übungen sollten Sie mit dem Hund zu Hause in vertrauter Umgebung am besten spielerisch durchführen. Er bekommt das Halsband um, Sie leinen ihn an. Lassen Sie sich von ihm führen und vermeiden Sie jeden Zug. Sollte es doch dazu kommen, und Ihr Dackel fängt an, sich zu wehren, geben Sie nach, lassen Sie die Leine locker und reden Sie beruhigend auf ihn ein. Locken Sie ihn hinter sich her; das gelingt meistens recht gut, denn sehr junge Hunde, die gerade erst von der Mutter getrennt worden sind, brauchen den Kontakt zum Menschen. Sowie er zu Ihnen kommt, loben und streicheln Sie ihn; so macht er zwei wichtige Erfahrungen: Zu Frauchen (oder Herrchen) kommen ist gut! Die Leine ist die Verbindung, die diesen Kontakt verstärkt! Sträubt er sich trotz guten Zuredens heftig, müssen Sie ihn vorsichtig zu sich heranziehen, immer unter beruhigendem Reden wie »so ist's brav« und ihm, wenn er gekommen ist, ein kleines Belohnungshäppchen geben. Auf diese Weise gewöhnt sich bald jeder junge Hund an Halsband und Leine.

An der Leine gehen
Das Ziehen an der Leine gewöhnen Sie dem Hund ab, indem Sie ihn jedesmal, wenn er sich zu kräftig ins Halsband legt, mit einem kräftigen Ruck an Ihre Seite zurückholen. Dann lassen Sie wieder locker. Jedesmal, wenn der Hund erneut zieht, wiederholen Sie das Zurückreißen.
Das Gehen an der Leine üben Sie so:
Sie nehmen die Leine in die rechte Hand, den Hund an Ihre linke Seite. Geht der Hund in Ihrem Tempo mit, ohne zu ziehen, ist das schon sehr gut.
Dann wechseln Sie ohne Kommando die Richtung, rechts um und wieder zurück. Da die Leine vor Ihrem Körper von rechts nach links geführt wird, können Sie den Hund mit dem Schwung Ihres Körper mitnehmen. Folgt der Hund Ihrem Richtungswechsel, ist die Übung erfüllt.

»Sitz«
Zeichnung 2
Auf das Kommando »Sitz« hin soll der Hund sich setzen und erst auf Ihre Aufforderung hin wieder weitergehen. Dies ist zum Beispiel wichtig beim Überqueren einer Straße oder wenn der Hund vor einem Geschäft auf Sie warten

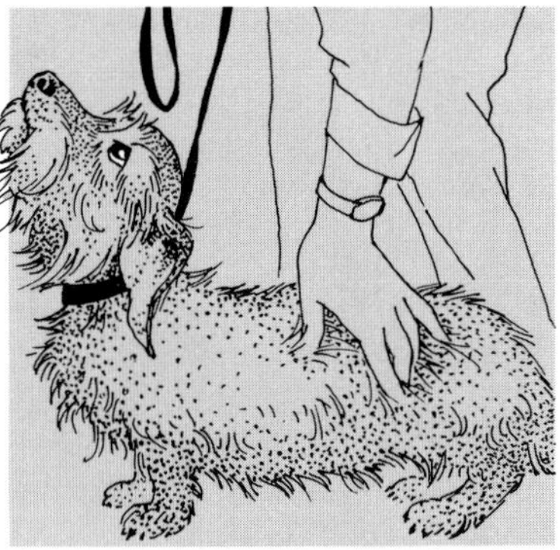

2 Das Kommando »Sitz« wird geübt, indem Sie stehenbleiben, die Leine etwas anziehen und Ihrem Dackel sanft das Hinterteil nach unten drücken.

muß. Üben können Sie dieses Kommando beim täglichen Spaziergang. Den Hund halten Sie mit beiden Händen an der Leine. Werden Sie langsamer und bleiben Sie schließlich stehen. Wenn sich Ihr Hund noch nicht von selbst gesetzt hat, halten Sie die Leine leicht gespannt und drükken mit der Hand sein Hinterteil sanft nach unten, bis er sich setzt. Dann lockern Sie die Leine etwas mit den Worten »Brav – Sitz«. Bleibt der Hund sitzen, wird er gelobt, ansonsten müssen Sie die Übung von vorne beginnen.
Auf den Befehl »Los« darf der Hund weitergehen.

»Pfui«
Zeichnung 3
Das Kommando »Pfui« wird immer dann eingesetzt, wenn der Hund etwas unterlassen soll, wie zum Beispiel bei jeder Gelegenheit bellen, an fremden Leuten hochspringen, mitten in die Wohnung machen, etwas stehlen und so weiter. Das »Pfui« muß ebenfalls in scharfem Ton ausgesprochen werden, vielleicht noch verstärkt durch gleichzeitiges Klatschen in die Hände.
Bleiben Sie konsequent! Auch wenn er lernt, sich dem stärkeren Willen zu fügen, verliert der Dackel seine Persönlichkeit nicht.

Verbleiben auf dem Platz
Zeichnung 4
»Platz« bedeutet für den Hund, daß er »seinen« ihm zugewiesenen Platz aufsuchen soll. Dazu muß der Platz so beschaffen sein, daß der Hund sich dort wohlfühlt, und er muß begriffen haben, daß es »sein« Platz ist. Das zeigen Sie

3 »Pfui« bedeutet, daß der Dackel etwas unterlassen soll.

ihm so: Läßt der kleine Hund erste Anzeichen von Müdigkeit erkennen, bringen Sie ihn zu seinem Korb, wenn nötig halten Sie ihn ein bißchen fest mit schmeichelndem Zureden und fügen energisch immer wieder das Wort »Platz« ein. Bleibt er liegen, gehen Sie weg. Steht er dann auf und verläßt den Korb, bringen Sie ihn sofort wieder dorthin zurück, immer unter Wiederholung des Wortes »Platz«. Bleiben Sie dabei freundlich, bestehen Sie aber konsequent darauf, daß er sein Schläfchen im Korb abhält. Fühlt der Hund sich an seinem Platz wohl und geborgen, wird die Gewöhnung daran rasch gelingen.

»Bleib«
<u>An Ort und Stelle bleiben</u>
Der Hund soll liegen bleiben, auch wenn Sie sich von ihm entfernen. Halten Sie ihm dazu die flache Hand vor das Gesicht. Bleibt er liegen, wird er gelobt. Nützlich ist dieser Befehl zum Beispiel für die Tierarztpraxis, wenn der Hund sich auf dem Untersuchungstisch hinsetzen soll.
<u>Im Raum bleiben</u>
Das Kommando »Bleib« wird auch benützt, wenn der Hund in einem Raum bleiben soll. Geübt wird wie oben, indem Sie dem Hund die flache Hand vor das Gesicht halten. Dann wird die Hand zurückgezogen, und Sie entfernen sich. Wichtig ist hier, daß der Befehl »Bleib« immer mit dem optischen Zeichen, der vorgehaltenen Hand, verbunden ist.

4 Das Kommando »Platz« fordert den Hund auf, seinen Platz nicht zu verlassen, auch wenn Sie sich entfernen.

Erst mal sanft das Ohr des Angorakaninchens lecken,

Bei Fuß gehen (ohne Leine)
Erst wenn der Hund gelernt hat, auf Zuruf zu kommen, den Befehl »Sitz« beherrscht und ihm das »an der Leine gehen« in Fleisch und Blut übergegangen ist, sollten Sie das »ohne Leine gehen« üben. »Bei Fuß« lautet der Befehl, soll der Hund in dem von Ihnen vorgegebenen Tempo dicht neben Ihnen herlaufen. Um den Hund möglichst wenig abzulenken, sollten Sie nicht gerade in einer verkehrsreichen Straße oder in Waldesnähe üben.

Auf Zuruf kommen
Der Hund, der frei im Gelände herumläuft, soll auf Ihren Zuruf oder Pfiff freudig herankommen. Auch das klappt nicht gleich, vor allem, wenn der Dackel mit etwa sechs bis sieben Monaten ins »Flegelalter« kommt. Ich habe meine Teckel bei jedem Zuruf zum Kommen mit einem kleinen Happen belohnt und sie überschwenglich gelobt. Sobald sie merkten, daß das Herkommen mit etwas Gutem verbunden war, kamen sie sofort freudig »angeflitzt«. Dabei ist es dann auch geblieben, als das Häppchen immer kleiner, schließlich weggelassen und nur noch ein liebevolles Lob erteilt wurde. Aber bis es soweit ist, kann ein junger Dackel Sie schon mal zur Weißglut bringen, weil er auf kein Rufen und kein Pfeifen hört. Kommt er dann endlich doch, müssen Sie sehr viel Selbstbeherrschung aufbringen, um den Burschen dann auch noch zu loben. Wenn Sie jetzt Ihrem Groll freien Lauf lassen und den Ungehorsamen ausschelten oder gar mit der Leine schlagen, ist er das nächste Mal bestimmt noch ungehorsamer, denn in seinem Kopf übersetzt er die gemachte Erfahrung: »Als ich hingegangen bin, habe ich Schelte be-

dann ein zarter Biß

und jetzt ankuscheln.

kommen. Also lasse ich mir lieber noch mehr Zeit oder gehe am besten gar nicht hin, denn ich merke ja, wie wütend mein Oberhund ist.«

Das Kommando »Aus«

Jeder Hund muß lernen, daß er alles, was er gerade im Fang hat – sei es sein Futter, ein Spielzeug oder etwas, das er gefunden hat – jederzeit und ohne es zu verteidigen, hergibt. Das ist unbedingt notwendig, wenn der Hund auf dem Spaziergang in der Natur oder in der Stadt etwas aufsammelt, was nicht für ihn bestimmt oder sogar gefährlich ist. Etwas freiwillig herzugeben, entspricht nun nicht gerade der Dackelnatur, doch sollte man ihm diesen Befehl möglichst früh beibringen. Er wird sich sonst später nie mehr etwas wegnehmen lassen, ohne vielleicht sogar zu beißen.
Das Kommando »Aus« verwendet man, wenn der junge Hund etwas sofort auslassen beziehungsweise hergeben soll. Üben Sie es mit dem kleinen Hund, indem Sie ihm sein Spielzeug wegnehmen. Will er es nicht gleich hergeben, fassen Sie ihn von oben über sein Schnäuzchen und drücken leicht die Kiefer auseinander. Dabei sagen Sie laut und eindringlich »Aus«. Sowie Sie das Spielzeug in der Hand haben, bekommt er es zurück und wird gelobt. Fast jeder junge Dackel findet bald Gefallen an diesem Spiel und gibt auf das Kommando »Aus« das heraus, was er in der Schnauze hat. Üben können Sie es auch, indem Sie ihm die Futterschüssel vor der Nase wegnehmen. Knurrt er Sie an, erhält er durch ein kräftiges »Pfui« einen Verweis.
Schnappt er dann vielleicht sogar zu, bekommt er einen spürbaren Klaps (am wirkungsvollsten ist das seitlich gegen die Schnauze). Wird er noch wütender,

Zu den Fotos:
Von Natur aus sind Hund und Kaninchen Feinde, denn das Kaninchen gehört zu den Beutetieren des Hundes. Doch Tierfreundschaften gehen manchmal unkonventionelle Wege, wie die Fotos beweisen. Dennoch ist es nicht ratsam, ein Kaninchen zusammen mit einem Hund zu halten.

packen Sie ihn mit festem Griff am Nakken und schelten ihn mit lauter Stimme. Sie müssen ihm deutlich machen, wer der Rudelführer ist. Fügt er sich, wird er sofort mit freundlichen Worten gelobt und bekommt sein Futter wieder.
Üben Sie das täglich mit Ihrem Hund, bis es ihm zur Selbstverständlichkeit geworden ist und das Kommando »Aus« auch auf Entfernung klappt.

Der Dackel – ein Familienhund?
Sind Dackel eigentlich Kinderfreunde? Das ist eine Frage, die sich nicht einfach mit Ja oder Nein beantworten läßt. Es gibt keine grundsätzlich »kinderlieben Rassen«, so wenig, wie es Rassen gibt, die aus sich heraus kinderfeindlich sind. Aber es gibt Hunde bestimmter Rassen, die ich nicht unbedingt Familien mit kleineren oder gar ganz kleinen Kindern empfehlen würde. Dazu gehört der Dackel aber ganz sicher nicht, denn Aggressivität, Nervosität und besondere Lärmempfindlichkeit gehören in der Regel nicht zu seinen Eigenschaften.
Ob sich ein Dackel zum Kinderfreund oder zum Kinderfeind entwickelt, das ist nur zu einem geringen Teil in seiner persönlichen Veranlagung begründet. Entscheidend dafür sind vielmehr seine Erfahrungen, die er mit Kindern macht. Wird ein Hund, gleich welcher Rasse, von Kindern geneckt und gepiesackt, dann kann er kaum freundliche Gefühle ihnen gegenüber hegen. Er wird – im Gegenteil – in allen Kindern Quälgeister sehen, von denen er sich nicht anfassen läßt, die er anknurrt oder gar beißt. Wer soll ihn deswegen schelten? Er trägt ja nicht die Schuld an dieser Entwicklung.

<u>Kinderfreund oder Eigenbrötler?</u>
Nun gibt es aber auch unter den Dackeln so eine Art Eigenbrötler, nicht sehr kontaktfreudig, nur dem eigenen Frauchen oder Herrchen zugetan. Sie tun niemandem etwas, aber sie möchten ihre Ruhe haben. Solche Hunde sind für Familien mit Kindern weniger geeignet. Diese Veranlagung können Sie schon beim Welpen erkennen. Wählen Sie also einen fröhlichen, kontaktfreudigen Welpen aus, der Ihnen und Ihren Kindern entgegenkommt. Mit ihm wird es kaum Schwierigkeiten geben (→ Wie sucht man seinen Welpen aus, Seite 17).

<u>Ein Hund ist kein Spielzeug</u>
Machen Sie Ihren Kindern immer wieder klar, daß ein Hund kein Spielzeug ist, sondern ein äußerst liebenswerter Spielkamerad, der aber auch seine Ruhe braucht und nicht dauernd herumgezerrt werden mag. Natürlich kann es bei den Kindern auch einmal zu Kratzern kommen, wenn sie mit ihrem Dackel herumtollen. Manche Hunde schnappen beim Spiel; die kleinen Zähne – vor allem die spitzen Milchzähne – können dann schon empfindlich zwicken. Dies alles sollte aber das Verhältnis zwischen Hund und Kind nicht beeinträchtigen. Kinder hängen denn meist auch mit großer Liebe an ihrem vierbeinigen Freund.

<u>Wenn ein Baby kommt</u>
Und wie verhält sich das junge Paar mit Dackel, wenn ein Baby erwartet wird? Das muß keine Probleme schaffen. Aber Hunde können eifersüchtig sein, wenn sie – bisher Mittelpunkt der Familie – dann plötzlich kaum noch beachtet werden. Lassen Sie es dazu nicht kommen! Schenken Sie Ihrem Hund nach wie vor die gewohnte Aufmerksamkeit. Das Baby wird dann für den Hund in aller Kürze ganz selbstverständlich mit zur Familie gehören, oft entwickelt sich zwischen Hund und Kind eine Freundschaft, die ein ganzes Hundeleben lang Bestand hat.

Dackel verstehen lernen

Die Natur des Hundes und sein Verhalten
12 000 Jahre Domestikation haben eine Vielfalt von Hunderassen hervorgebracht, was ihr Aussehen und Wesen betrifft. In Verhaltensweisen des Hundes ist jedoch trotz dieser langen Gemeinschaft mit dem Menschen noch vieles enthalten, was an seinen Urvater, den Wolf erinnert.
Der Wolf ist ein Raubtier, daher die guten Jagdeigenschaften des Hundes.
Sein Revier- und Territorialverhalten ist gut ausgeprägt, deshalb ist er ein guter Wächter.
Als Rudeltier fühlt sich der Hund nur in der Gemeinschaft wohl. So ist er für ein geselliges Zusammenleben mit dem Menschen gut geeignet. Sein Mensch, bzw. seine Familie, ist nun sein Rudel. Innerhalb dieses Rudels fügt sich der Hund in eine soziale Rangordnung und handelt nach deren Gesetzen. Immer darum bemüht, seinen Platz in der Rangfolge zu verbessern, wird er sich selbst an die Spitze stellen, wenn Sie ihm nicht deutlich zeigen, wer der »Rudelführer« ist.
Ebenso wie der Hund sich innerhalb seines Rudels verständlich macht, teilt er sich seinen Menschen mit.
Dazu bedient er sich zweierlei Sprachen: der Lautsprache und der Körpersprache.

So spricht der Hund mit seinesgleichen
Bestimmte Verhaltensweisen des Hundes sind für den Menschen nicht ohne weiteres verständlich, doch sind sie wesentlicher Teil der Hundenatur. Würde man den Hund hindern, sie auszuleben, könnte sein Wohlbefinden empfindlich gestört werden.
Zu diesen Verhaltensweisen gehören:

Das Markieren
In der Regel tun das Rüden, manchmal markieren aber auch Hündinnen ihr Revier, indem sie mit angehobenem Bein an einen Baum, Busch, Pfosten oder dergleichen urinieren. Diese erhabenen Stellen suchen sie sich deshalb aus, um den Duft möglichst lange zu erhalten. Die Duftmarke eines anderen Hundes wird dadurch überdeckt.

Das Beschnüffeln und Schnuppern
Während wir Menschen uns mit Augen und Ohren orientieren, bezieht der Hund seine Informationen aus den Düften, die er ringsum erschnüffelt.

Kauknochen. Um den Durchbruch der Milchzähne zu erleichtern, kauen junge Hunde mit Vorliebe an festen Gegenständen wie zum Beispiel einem Knochen aus Büffelhaut.

Auch über andere Hunde holt er Informationen ein, indem er sie gründlich beschnuppert.
Dies läuft nach einem angeborenen Schema ab:

Nasenkontakt
Begegnen sich zwei Hunde zum ersten Mal, gehen Sie zunächst mit vorgestreckter Schnauze aufeinander zu, bis sich die Nasen fast berühren. Nun beschnuppern sie sich ausgiebig. Je nachdem, ob sie sich gut oder schlecht riechen können, wird sich daraus eine freundschaftliche oder abweisende Haltung entwickeln.

Analkontrolle
Auf den Nasenkontakt folgt das Beriechen des Hinterteils, der sogenannte Analkontakt. Für den Hund eine ganz natürliche Sache, denn unter dem Schwanz liegen Drüsen, die ihm über seinen Artgenossen wichtige Informationen liefern. Wissenschaftler sprechen von dieser Zone als »Analgesicht«, nur ein selbstbewußter Hund wird es einem anderen frei, mit erhobenem Schwanz, zeigen.
Hinweis: Damit Ihr Hund ein gesundes Verhältnis zu seinen Artgenossen entwickelt, sollten Sie ihm ab und zu Gelegenheit geben, einen anderen Hund kennenzulernen. Gewöhnen Sie Ihren Hund von klein auf an solche Begegnungen. Unter erwachsenen Hunden gilt das Naturgesetz: »Junge Hunde beißt man nicht!«
Nur so kann Ihr kleiner Hund die Regeln der Hundebegegnung erlernen.

Was er sonst noch tut
Vielleicht haben Sie schon beobachtet, wie Ihr Hund etwas vergräbt oder sich im Schmutz herumwälzt.
Dieses Verhalten hat folgende Bedeutung:

Das Vergraben und Scharren
Das Vergraben von Knochen geht wahrscheinlich noch auf die Urzeit zurück, als der Hund gezwungen war, sich einen Vorrat anzulegen.
Aus dieser Zeit stammt wohl auch das Scharren, bevor er sich hinlegt. Damals mußte im Gras oder in der Höhle das Lager erst bereitet werden.

Sich im Schmutz wälzen
Hunde lieben es, sich in stinkendem Schmutz zu wälzen. Damit überdecken sie ihren eigenen Geruch und machen sich so für ihre Artgenossen interessant.

Die Lautsprache
Hunde heulen weniger als Wölfe, dafür bellen sie umso mehr. Das ist eine Folge der Domestikation, wurde der Hund doch zum Wachen und Beschützen erzogen.
Bellen kann vergnügt klingen, wütend oder melancholisch. Je nach Situation kann es Ausdruck der Freude (Spiel, Begrüßung) oder auch der Warnung (Wachsamkeit, Aggression) sein.
Knurren ist als Warnung zu verstehen. Meist fletscht er dabei auch noch die Zähne oder sträubt das Fell.
Aufjaulen ist meist mit Schmerz verbunden, kann aber auch Ausdruck von Angst und Not sein.
Heulen wird der Hund, wenn er sich einsam fühlt oder wenn er auf bestimmte Geräusche, wie zum Beispiel Musik, Sirenen und dergleichen antwortet.
Winseln und Fiepen gehen auf die Welpensprache zurück. Damit zeigt der Hund ein Bedürfnis an, zum Beispiel wenn er hinaus muß.

Von dieser Warte aus hat der Dackel alles im Blickfeld.

Dackel haben – wie alle Hunde – vielfältige Möglichkeiten, mit Artgenossen und »ihrem« Menschen in Kommunikation zu treten. Für Hundebesitzer ist es deshalb sehr wichtig, die Bedeutung der Körper- und Lautsprache ihres Hundes zu kennen und richtig zu deuten.

So teilt sich der Hund dem Menschen mit
Wesentlicher Bestandteil der Beziehung zwischen Mensch und Hund ist die Kommunikation. Während der Mensch in Worten und Gesten zu seinem Hund spricht, drückt der Hund meist im Zusammenspiel von Laut- und Körpersprache aus, wie seine Stimmungslage ist oder welches Bedürfnis er hat. Durch genaues Beobachten können Sie gut lernen, was Ihnen Ihr Hund sagen möchte.

1 Diese Haltung Ihres Dackels bedeutet: »Spiel mit mir!«

Aufforderung zum Spiel
Zeichnung 1
Geben Sie so oft wie möglich der Aufforderung Ihres Hundes zum Spiel nach. Als Zeichen erhöhter Aufmerksamkeit spitzt er die Ohren. Dabei legt er die Vorderbeine auf den Boden, stellt das Hinterteil leicht in die Höhe, wobei er mit den Hinterbeinen aufgeregt hin und her tänzelt. Seine Augen verraten freudige Erregung.

Demutsgebärde
Zeichnung 2
Legt er sich vor Ihnen entspannt auf den Rücken, ist dies als eine Geste des Vertrauens zu deuten, die soviel heißt wie: »Bitte kraule mich!«
Wirft der Hund sich dagegen im Kampf mit einem Artgenossen auf den Rücken, gibt er sich als der Schwächere geschlagen. Er signalisiert dem anderen damit: »Ich ergebe mich!«

Unterwürfigkeit
Kriecht der Hund mit eingezogenem Schwanz auf dem Boden, so zeigt er damit die totale Unterwerfung.

Haltung und Bewegung der Rute
Ein waagrecht getragener Schwanz drückt große Zufriedenheit aus. Der zwischen den Beinen eingeklemmte Schwanz deutet auf Zurückhaltung oder Angst hin.
Ein unbeweglich nach hinten aufgestellter Schwanz ist das Zeichen von Angriffsbereitschaft.
Kräftiges, schnelles Wedeln signalisiert Freundlichkeit. Doch sollten Sie sich nicht allzusehr darauf verlassen, daß ein fremder Hund sich anfassen läßt, nur weil er wedelt: er kann zwar auf die freundlichen Worte, die Sie zu ihm sagen, mit Schwanzwedeln »antworten«, das ist aber noch nicht gleichbedeutend damit, daß Sie ihn auch unbeschadet streicheln können. Hände weg von fremden

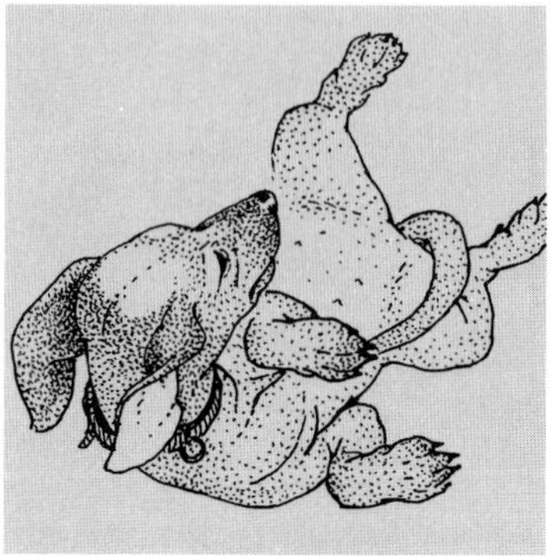

2 Legt sich der Dackel auf den Rücken, möchte er gekrault werden.

Hunden, wenn der Hundebesitzer nicht vorher ausdrücklich zustimmt! Das möchte ich ausdrücklich raten – Sie sollten es vor allem Ihren Kindern einprägen! Mit langsamem, kurzem Wedeln oder dem Klopfen auf den Boden zeigt Ihnen der liegende Hund, wie gut er Ihnen ist.

Das Spiel der Ohren
Mit den Ohren kann Ihr Hund auch viel ausdrücken.
Angelegte Ohren zeigen immer, daß etwas nicht stimmt. Bei dem älteren, erfahrenen Hund kann es tatsächlich so etwas wie »schlechtes Gewissen« ausdrücken Er hat etwas angestellt, von dem er aus Erfahrung weiß, daß es Ärger gibt. Ein Hund kann aber auch aus Freude die Ohren anlegen, dann allerdings wedelt er gleichzeitig. Beim jungen, unerfahrenen Hund zeigen angelegte Ohren Verunsicherung an, Angst kann auch dahinterstecken. In Verbindung mit dem wedelnden Schwänzchen drückt es auch Freude aus.

Gespitzte Ohren bedeuten erhöhte Aufmerksamkeit.
Nach vorne gestellte Ohren oder zur Seite gedrehte Ohren drücken Angriffsbereitschaft aus.

Angriffsbereitschaft

Zeichnung 3
Der angriffsbereite Hund fletscht die Zähne und knurrt. Die Ohren hat er nach vorne gestellt oder zur Seite gedreht, der Schwanz steht unbeweglich nach hinten.

Zähne fletschen

Zeichnung 4
Hochgezogene Lefzen, so daß alle Zähne sichtbar sind, bedeuten höchste Alarmstufe: Dieser Hund beißt kompromißlos zu!

Anspringen

Das Anspringen und Gesicht ablecken empfinden viele Menschen als Unart Ihres Hundes. Dabei ist diese Verhaltensweise vom Hund sehr freundlich gemeint. Auf diese Weise begrüßt er »seinen Menschen« und nähert sich ihm demutsvoll. Im übrigen begrüßen auch Welpen ihre Mutter so, um Nahrung zu erbetteln.

Pfötelн

Wenn Ihr Hund vertrauensvoll seine Pfote auf Ihr Knie oder Ihren Arm legt und die Pfote dann in die Luft »schlägt«, bedeutet das: Er bettelt um Zuwendung oder Futter. Dieses Verhalten wird als Begrüßungs- und Beschwichtigungsgeste gedeutet. Abzuleiten ist diese Geste vom »Milchtritt«, der abwechselnd tretenden Pfotenbewegung der Welpen, während sie an den Zitzen der Mutter saugen.

3 Diese Haltung signalisiert: »Achtung, bin zum Angriff bereit.«

Die Sinne des Hundes

Was seine Sinne angeht, vor allem den Geruch- und Gehörsinn, ist der Hund dem Menschen um einiges überlegen. In Tausenden von Jahren hat es der Mensch verstanden, sich diese Eigenschaften zunutze zu machen und sich mit den unterschiedlichen Rassen auch eine Vielzahl von Spezialisten heranzuziehen. So zum Beispiel den Dackel für die Jagd, den Bernhardiner als Suchhund oder den Schäferhund als Drogenspürhund.

Geruchssinn
Für den Hund ist die Nase das wichtigste Sinnesorgan. Damit nimmt er seine Umgebung wahr und holt sich die unterschiedlichsten Informationen. Bestimmte Gerüche kann er millionenfach stärker aufnehmen als der Mensch. Dies befähigt zum Beispiel den Dackel, bei der Jagd die Spur des Wildes aufzunehmen. Er kann sie sogar auch dann noch verfolgen, wenn sie schon vor Tagen gelegt wurde. Der Geruch eines anderen Hundes entscheidet über Sympathie oder Antipathie. Am Geruch »seines« Menschen vermag er sogar dessen Stimmung zu erkennen.

Gehör
Das Hörvermögen des Hundes ist ebenfalls wesentlich besser ausgeprägt als das des Menschen. Während wir zwischen 10 000 und 20 000 Schwingungen pro Sekunde wahrnehmen, kann der Hund zwischen 70 000 und 100 000 Schwingungen pro Sekunde hören. Das macht ihn zu einem ausgezeichneten Wächter.

4 Gefletschte Zähne deuten darauf hin, daß der Hund gleich zubeißt.

Auge
Das plastische und farbige Sehvermögen des Hundes ist etwas eingeschränkt, dafür sieht er in der Dämmerung besser als der Mensch. So kann er auch bei Dunkelheit noch Bewegungen wahrnehmen.

Wenn Ihr Dackel krank wird

Den meisten Krankheiten gehen Krankheitsanzeichen voraus, die der Tierarzt sicher und schnell diagnostizieren kann. Zögern Sie deshalb den Besuch beim Tierarzt nicht hinaus, denn je eher die Krankheit erkannt wird, je weniger Chance hat sie, sich auszubreiten.

Erste Krankheitsanzeichen und Maßnahmen

Ein Hund kann nicht sagen, wo es ihn drückt und was ihm weh tut. Beobachten Sie Ihren Hund genau, an seinem Aussehen und an seinem Verhalten, können Sie sehr deutlich sehen, ob etwas mit ihm nicht stimmt. Wenn Ihr Hund nicht mehr fressen will oder sehr viel mehr trinkt als sonst, wenn er unlustig und schlapp ist, sich nicht mehr gerne anfassen läßt, wenn seine Augen etwas getrübt sind, wenn sich sein Fell auffallend verändert, dann ist etwas mit ihm nicht in Ordnung. Sie sollten ihn genau beobachten und möglichst bald beim Tierarzt vorstellen. Scheuen Sie nicht einen vielleicht unnötigen Gang zum Tierarzt, gehen Sie lieber einmal zuviel als zuwenig.

Informationen für den Tierarzt

Um dem Tierarzt die Diagnose zu erleichtern, sollten Sie ihm eine möglichst genaue Beschreibung der aufgetretenen Symptome geben. Dazu sind folgende Fragen von Interesse:

- Wann und was hat der Hund zuletzt gefressen?
- Wie ist der Kot beschaffen?
- Hat der Hund erbrochen, würgt es ihn?
- Hat er Fieber? (→ Fiebermessen)
- Zeigt er sonstige Auffälligkeiten, wie häufiges Schütteln des Kopfes und Kratzen der Ohren oder Lecken an bestimmten Körperteilen?
- Hat er Verletzungen?
- Verursachen ihm bestimmte Berührungen Schmerzen?

Fiebermessen

- Verwenden Sie ein unzerbrechliches Thermometer mit Digitalanzeige, dessen Spitze Sie mit Öl oder Creme einfetten.
- Der Hund sollte dabei stehen und von einer zweiten Person gehalten werden. Reden Sie beruhigend auf den Hund ein.
- Halten Sie die Rute des Hundes hoch und führen Sie das Thermometer 2 cm tief in den After.
- Nach 1 Minute entnehmen Sie das Thermometer wieder. Zeigt es über 39°C an, hat der Hund Fieber.

Medizin eingeben

Manche Medikamente nehmen Hunde gerne, darum sollten Sie als erstes einmal ausprobieren, ob Ihr Dackel die Medizin nicht auch freiwillig nimmt. Lehnt er sie ab, hilft nur der Zwang.
<u>Tabletten</u> und Pillen wickelt man in etwas Leberwurst und wirft dem Dackel diesen Happen zu. Er schluckt ihn eilig herunter, ohne den Inhalt wahrzunehmen. Geht das nicht, müssen Sie ihm das Maul öffnen. Beißt er die Zähne zusammen, dann drücken Sie ihm leicht die Lefzen gegen die Zähne. Die Tablette müssen Sie möglichst weit hinten auf die Zunge legen, ihm dann das Maul zuhalten und kontrollieren, ob er sie auch wirklich geschluckt hat.
<u>Bei flüssiger Medizin</u> ziehen Sie vorsichtig die Lefze zu einer Tasche ab und geben die vorher abgemessene Flüssigkeit dort hinein. Heben Sie den Kopf des Hundes leicht an – das bringt ihn zum Schlucken. Als sehr praktisch haben sich für diese Prozedur Einwegspritzen (natürlich ohne Nadel) erwiesen.

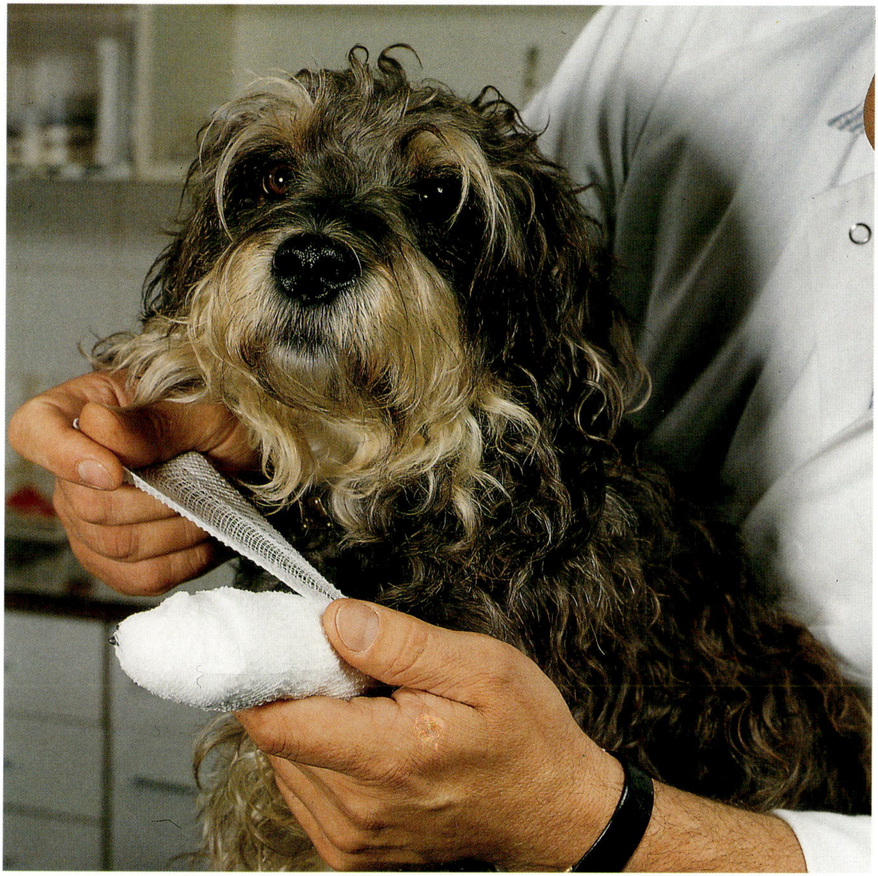

Im Krankheitsfall kann nur der Tierarzt Ihren Hund fachgerecht behandeln.

Hundekrankheiten – Gefahr für den Menschen?

Wie gefährlich sind eigentlich Hundekrankheiten für den Menschen, und inwieweit sind sie übertragbar?

Als Infektionskrankheiten sind die Tollwut und eine Variante der Leptospirose auf den Menschen übertragbar. Der geimpfte Hund bedeutet keine Gefahr.

Parasiten sind auch vom Hund auf den Menschen übertragbar. Kleine Kinder können sich zum Beispiel bei sehr engem Kontakt mit einem nicht entwurmten Hund mit den Eiern der Spulwürmer infizieren. Die Eier des Bandwurmes können vom Hund als Zwischenwirt ebenfalls auf den Menschen übertragen werden. Flöhe und Zecken, die alle Warmblüter befallen, können vom Hund auf den Menschen übergehen.

Pilzerkrankungen verbreiten sich in zunehmendem Maße. Sie können sowohl Mensch als auch Hund befallen und wechselseitig übertragen werden.

Wichtige Vorsorgemaßnahmen

Auf die Wurmkuren und Impfungen dürfen Sie niemals verzichten, sie sind die wichtigsten Vorsorgemaßnahmen für die Gesunderhaltung Ihres Hundes und außerdem Schutz für Ihre eigene Gesundheit!

Wurmkuren
Entwurmungen sind nötig, um Ihren Hund gesund zu erhalten.

Entwurmt wird im Alter von:

- 4 Wochen
- 6 Wochen
- 8 Wochen (anschließend 1. Impfung),
- 12 Wochen (anschließend 2. Impfung)
- 6 Monaten
- 9 Monaten

dann 2mal im Jahr entwurmen. Eine Entwurmung immer so terminieren, daß sie jeweils vor der Impfung liegt (→ Impfplan, rechts), weil der Hund bei der Impfung gesund sein muß.

Impfplan
Um den Hund vor tödlichen Krankheiten zu schützen, muß man ihn unbedingt impfen lassen. Die Impfungen werden in den Impfpaß eingetragen, den Sie beim Kauf des Hundes erhalten.
Wichtig: Vor jeder Impfung muß der Hund entwurmt werden (→ Wurmkuren, links).
Geimpft wird der Welpe im Alter von:

- 8 bis 9 Wochen gegen Staupe, Hepatitis, Leptospirose, Parvovirose und Tollwut.

Danach jährlich abwechselnd wird der erwachsene Hund so geimpft:

- 1. Jahr: 3fach-Impfung gegen Leptospirose, Parvovirose, Tollwut (der Impfschutz gegen Staupe und Hepatitis hält 2 Jahre).
- 2. Jahr: 5fach-Impfung gegen Staupe, Hepatitis, Leptospirose, Parvovirose und Tollwut.
- 3. Jahr: 3fach-Impfung
- 4. Jahr: 5fach-Impfung

und so weiter.
Wichtig:
Es ist außerordentlich wichtig, daß die Impfungen in regelmäßigen Abständen wiederholt werden, da nur so der Impfschutz gewährleistet ist.

Die häufigsten Krankheiten
Im folgenden Text habe ich Ihnen Krankheiten beschrieben, die häufiger vorkommen. Infektionskrankheiten wie Staupe, Tollwut, Hepatitis, Leptospirose und Parvovirose können heute durch Schutzimpfungen vermieden werden (→ Impfplan, oben).

Erbrechen
Ursache: Bei Hunden kann Erbrechen durchaus harmlos sein. Hat Ihr Dackel sein Futter zu schnell verschlungen oder liegt ihm etwas Schwerverdauliches im Magen, kann er sich schon mal erbrechen. Ein- oder zweimaliges Erbrechen ist ohne Bedeutung. Wiederholt es sich aber immer wieder oder kommt Fieber hinzu, kann eine ernsthafte gesundheitliche Störung vorliegen. Vergiftungen und Infektionskrankheiten können mit Erbrechen und Durchfall beginnen.
Behandlung: Bei wiederholtem Erbrechen sollten Sie den Hund zum Tierarzt bringen.

Durchfall
Ursache: Oft ist Durchfall eine Folge falscher Ernährung. Ihr Dackel hat vielleicht etwas reichlich Leber bekommen; Milch – die ein ausgewachsener Hund zwar nicht braucht, aber doch manchmal bekommt – schlägt oft kräftig durch, oder er hat einfach nur zu kaltes Wasser getrunken.

Behandlung: Geben Sie ihm in einem solchen Fall verdünnten schwarzen Tee mit einer Prise Salz (Trinken ist für den Ausgleich des Wasserverlustes wichtig) und setzen Sie ihn ein bißchen auf Diät: Haferschleim, Reisschleim und Zwieback zum Beispiel. Sollte der Durchfall aber auch am nächsten Tag noch anhalten, würde ich raten, den Tierarzt aufzusuchen.

Dackellähme
Anzeichen:

- steife Körperhaltung
- augenscheinliche Schmerzen in der Hals-und Lendenwirbelgegend
- außergewöhnliche Bewegungsunlust

Ursache: Beim Dackel wird aufgrund der unnatürlichen Hebelgesetze – langer Körper auf kurzen Beinen – die Wirbelsäule besonders stark belastet. Dadurch kann es unter Umständen zu einem Bandscheibenvorfall kommen. Je nachdem, an welcher Stelle der Wirbelsäule dieser Vorfall auftritt und wie er beschaffen ist, kann eine schnelle Heilung möglich sein. Es kann aber auch zu einer Lähmung der Hinterhand kommen. Betroffen sind meist ältere Tiere.
Behandlung: Da die Krankheitsanzeichen nicht in jedem Fall deutlich erkennbar sind und auftretende Beschwerden auch plötzlich wieder vergehen können, sollten Sie bereits bei dem geringsten Verdacht einen Tierarzt aufsuchen, um die genaue Diagnose stellen zu lassen. Eine Heilung – sei es durch medikamentöse Behandlung oder durch Operation – ist nur möglich, wenn die Krankheit frühzeitig erkannt wird.

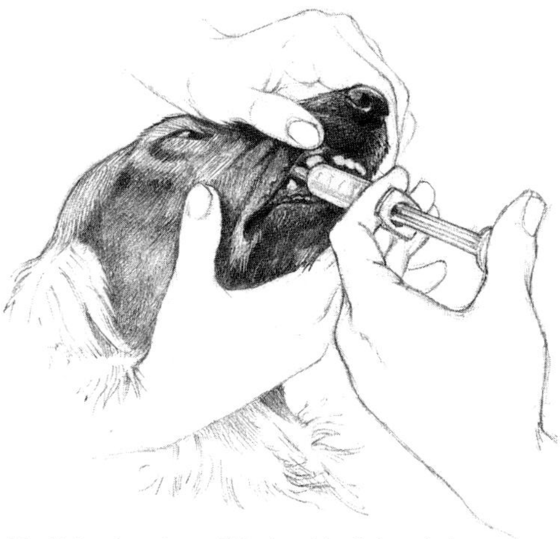

Medizin eingeben. Flüssige Medizin wird am besten mit einer Einwegspritze (ohne Nadel) eingegeben.

Staupe
Anzeichen: Fieber, Durchfall, Husten, tränende Augen, im fortgeschrittenen Stadium auch Muskelkrämpfe und Bewegungsstörungen.
Ursache: Viren.
Behandlung: Bei jungen Hunden besteht meist keine Heilungschance. Bei erwachsenen Hunden bleiben meist Dauerschäden des Nervensystems zurück.
Vorbeugung: Schutzimpfung (→ links).

Leptospirose (Stuttgarter Hundeseuche)
Anzeichen: Beginnt meist mit einer Schwächung in den Hinterläufen. Weitere Anzeichen sind Fieber, Appetitlosigkeit, Erbrechen, Magen- und Darmerkrankungen, Mandelentzündung. In schweren Fällen kommt es zu Gelbsucht, Bewegungsstörungen und Aasgeruch aus dem Fang.
Ursache: Bakterien.
Behandlung: Im Frühstadium ist eine Behandlung mit Antibiotika und Immunserum möglich.
Vorbeugung: Schutzimpfung (→ Seite 50).

Hepatitis (Leberentzündung)
Anzeichen: Fieber, Entzündungen im Nasen- und Rachenraum, Durchfall und eine schmerzhafte Leberentzündung.
Ursache: Hepatitis-Viren.
Behandlung: Serum, Antibiotika und gleichzeitige künstliche Ernährung können erfolgreich sein. Welpen überstehen die Krankheit trotz Behandlung meist nicht.
Vorbeugung: Schutzimpfung (→ Seite 50).

Tollwut
Anzeichen: Zuerst abnormes Verhalten (launisch, mürrisch, oft auch anschmiegsam, lichtempfindlich), später Beißwut, Raserei, Schluckbeschwerden mit starkem Speichelfluß: Endstadium ist die totale Lähmung.
Ursache: Viren, die mit dem Speichel infizierter Tiere ausgeschieden werden.
Behandlung: Befallene Tiere sind unheilbar.
Vorbeugung: Schutzimpfung (→ Seite 50).
Hinweis: Tollwutverdächtige Hunde werden unter ärztlicher Kontrolle in Quarantäne gehalten. Da diese Krankheit auch den Menschen gefährdet, müssen sich alle Personen, die mit einem tollwutverdächtigen Tier in Kontakt gekommen sind, umgehend einer Impfbehandlung unterziehen. Die Schutzimpfung des Hundes ist besonders wichtig, da so die Übertragungskette vom erkrankten Wildtier auf den Menschen unterbrochen wird. In Tollwutsperrbezirken ist dringend zur Impfung zu raten, da freilaufende Hunde als tollwutverdächtig getötet werden können. Für Auslandreisen ist eine Tollwutimpfung des Hundes und die entsprechende Eintragung im Impfpaß erforderlich.

Parvovirose
(als »Katzenseuche« bekannt)
Anzeichen: Plötzlich auftretender, blutiger Durchfall, zu dem bald starkes Erbrechen hinzukommt, das mit zunehmender Intensität ebenfalls blutig werden kann. Der Hund wird apathisch, verweigert die Nahrungsaufnahme, und es besteht die Gefahr, daß er durch den starken Flüssigkeitsverlust »austrocknet«.
Ursache: Viren.
Behandlung: Infusionen und Antibiotika, für Welpen verläuft die Krankheit meist tödlich.
Vorbeugung: Schutzimpfung (→ Seite 50).

Einschläfern
Wenn Ihr Dackel unheilbar krank, schwer verletzt oder äußerst gebrechlich ist und unter ständigen Schmerzen leidet, die auch mit ärztlicher Hilfe nicht mehr zu beseitigen sind, sollten Sie sich mit dem Gedanken befassen, ihn einschläfern zu lassen. Natürlich ist es kein leichter Entschluß, sich von einem langjährigen treuen Begleiter zu trennen. Bedenken Sie aber, daß Sie Ihrem Tier dadurch weitere Leiden und ein qualvolles Ende ersparen.
Das Einschläfern ist für den Hund schmerzlos. Er bekommt ein vielfach überdosiertes Schlafmittel gespritzt und schläft friedlich ein. Bleiben Sie in diesen letzten Minuten bei Ihrem kleinen Freund! Halten Sie ihn im Arm oder auf dem Schoß, wenn er die erlösende Spritze bekommt. Diesen ruhigen, schmerzfreien Tod sind Sie ihm nach so vielen Jahren der Freundschaft schuldig.

12 Wochen alter Kurzhaardackel. ▷
Ein wenig verloren wirkt dieser kleine Dackel. Er lebt erst seit kurzer Zeit bei seiner neuen Familie und vermißt noch seine Mutter und seine Geschwister.

Damit der Hund nicht an seinem Verband zerrt und ihn herunterreißt, legt ihm er Tierarzt meist eine Halskrause an.

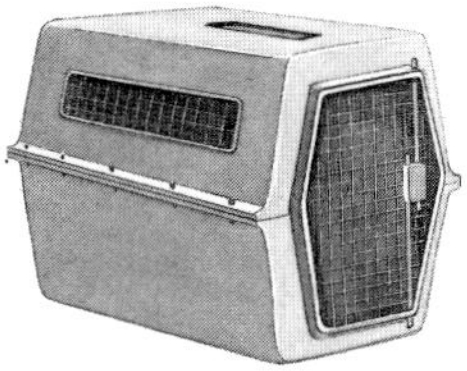

Der stabile, leicht zu reinigende Transportkorb ist praktisch, wenn man einen kranken Hund zum Tierarzt bringen muß oder den Hund auf Flugreisen mitnehmen will.

Gesundheitsstörungen

Das fällt auf	Mögliche Ursachen, bei denen Sie selbst Abhilfe schaffen können
Trinkt nicht	Genug Feuchtigkeit im Futter
Trinkt viel	Überhitzung nach Rumtoben, hat viel Trockenfutter gefressen
Durchfall	Zuviel Milch, kaltes Futter, Schnee gefressen, plötzliche Futterumstellung, Stress
Erbrechen	Hat Gras gefressen, hat zu gierig gefressen, Sodbrennen
Husten	Verschlucken, vor allem bei gierigem Wassertrinken
Mundgeruch	Kot, Aas oder anderes Übelriechendes gefressen
Blähungen	Überwiegende Fleischfütterung, plötzlicher Futterwechsel, verträgt Futtersorte nicht
Pressen ohne Kot oder Urinabsatz	Verstopfung durch mangelnde Bewegung, zuviel Trockenfutter ohne ausreichendes Trinken, zuviele Knochen, Wehen
Schweratmigkeit	Hecheln bei Überhitzung, Anstrengung oder Aufregung

Alarmzeichen, wenn diese Symptome hinzukommen	**Mögliche Diagnose und Behandlung durch den Tierarzt**
Speicheln, Fehlschlucken, Husten, Würgen	Fremdkörper (Knochen) im Schlund; Schlundlähmung (Tollwut), Schlunderweiterung: Sofort zum Tierarzt!
Erbrechen und Untertemperatur	Nierenschaden (mit Urämie)
Apathie, Taumeln, Untertemperatur	Zuckerkrankheit
Bei der Hündin: Erbrechen, Fieber, Apathie, eventuell Scheidenausfluß	Gebärmuttervereiterung
Blut im Kot, Erbrechen	Wurmbefall, Magen-Darminfektion, Leber- und Bauchspeicheldrüsenerkrankung, Vergiftung: Sofort zum Tierarzt!
Bei weiß-gelblichem oder blutigem Schleim	Gastritis, Fremdkörper im Magen, Leber- oder Nierenerkrankung, Vergiftung: Sofort zum Tierarzt!
Apathie, Durchfall, hohes Fieber	Schwere Virusinfektion (Staupe, Parvovirose): Sofort zum Tierarzt!
Frißt nicht, kein Kot, verspannter Bauch	Fremdkörper im Darm: Sofort zum Tierarzt!
Trockener Husten mit Schleimwürgen	Mandel-, Rachen- oder Kehlkopfentzündung (Zwingerhusten)
Trockener Reizhusten mit Würgen und teils blutigem Schleim	Fremdkörper oder Tumor im Rachen: Sofort zum Tierarzt!
Eitrige Bindehaut- und Nasenentzündung, Schweratmigkeit, Fieber	Erkältungserkrankung, Bronchitis, Lungenentzündung (eventuell Staupe): Sofort zum Tierarzt!
Feuchter, tiefer Husten, Schweratmigkeit	Herzfehler mit Lungenstau (Herzasthma), Lungenödem: Sofort zum Tierarzt!
Speicheln, eventuell mit Blut	Zahnstein, Paradontose, eitriger Zahn, Fremdkörper (Knochen) oder Tumor im Maul
Erbrechen, übermäßiges Trinken, urinöser, fauliger Mundgeruch	Gastritis, schwere Nierenerkrankung mit Urämie
Durchfall, heller pastiger Kot	Chronische Bauchspeicheldrüsen- oder Lebererkrankung
Vor allem beim großen Hund: Schleimwürgen, ballonartig aufgedunsener Bauch, totale Apathie, stöhnende Atmung	Magendrehung: Sofort zum Tierarzt, muß innerhalb von 4 Stunden operiert werden!
Blutiger Schleim oder Blut aus dem After	Knochenkotverstopfung (Knochensplitter im Enddarm): Sofort zum Tierarzt!
Blutiger Urin oder Harnträufeln	Harnröhren- oder Blasensteine: Sofort zum Tierarzt!
Fieber, Husten, Niesen	Erkältung, Infektion der Atemwege (Zwingerhusten)
Tiefer, feuchter Husten, Herzjagen	Herzfehler mit Lungenstau (Herzasthma), Lungenödem: Sofort zum Tierarzt!
Pumpendes Atmen mit Bauchpressen	Lungen- oder Zwerchfellriß nach Unfall: Sofort zum Tierarzt!
Blasse Schleimhäute, Herzjagen	Innere Blutung nach Unfall oder Vergiftung: Sofort zum Tierarzt!

Dackelnachwuchs – Dackelzucht

Die Dackelhündin versorgt normalerweise ihre Welpen in den ersten vier Wochen selbst. Ab der fünften Lebenswoche müssen Sie den Kleinen zusätzliches Futter anbieten, und die Welpen sollten bereits das erste Mal entwurmt werden.

Läufigkeit

Alle sechs bis zehn Monate wird eine Hündin läufig. Die »Hitze«, wie diese Zeit auch genannt wird, dauert drei Wochen. Bei der Junghündin stellt sie sich das erste Mal im Alter von sieben bis neun Monaten ein. Unruhe und vermehrter Appetit kündigen die Läufigkeit an. Diese Zeit bringt für den Hundebesitzer natürlich einige Probleme mit sich. Vor allem muß er seine Hündin vor unerwünschten Rüden schützen, die durch ihren Geruch angelockt werden und sie manchmal regelrecht belagern.

Um während der Läufigkeit zu verhindern, daß die Hündin Blutflecke in der Wohnung macht, bekommt sie daheim eine Art Windelhose (im Fachhandel erhältlich) an.

Hinweis: Mit einer Hormonbehandlung oder Operation kann man die Läufigkeit unterbinden, doch sollte dies nicht geschehen, solange die Hündin nicht voll ausgewachsen ist. Zweimal sollte sie eine normale Hitze durchmachen.

Schwangerschaft und Geburt

Die Dauer der Schwangerschaft beträgt etwa 60 bis 65 Tage. In dieser Zeit braucht die Hündin etwa das Doppelte bis Dreifache der Menge, die sie normalerweise frißt. Achten Sie darauf, daß ihre Nahrung besonders viele Mineralien, Spurenelemente und Vitamine enthält. Geeignete Fertigmischungen sind im Fachhandel erhältlich. Während der Säugezeit kann es zur sogenannten »Säuge-Tetanie« kommen. Ausgelöst durch einen Zusammenbruch des Kalziumhaushaltes im Körper kommt es zu schweren Krämpfen, die in Atemnot übergehen, und zum Herzstillstand führen können, wenn nicht rechtzeitig eingegriffen wird. Hündinnen mit besonders guter Milchleistung sind gefährdet. Auf ausreichende Kalziumzufuhr vor der Geburt und während der Säugezeit ist daher zu achten.

Gegen Ende der Schwangerschaft, wenn die Hündin mit dem Nestbau beginnt, sollten Sie ihr eine Wurfkiste bereitstellen. Im Zoofachhandel gibt es Wurfkisten zu kaufen, aber zur Not tut es auch eine Holzkiste mit niedrigem Rand. Polstern Sie den Boden mit mehreren Lagen Zeitungspapier aus, legen Sie eine Decke darüber und darauf einige saugfähige, weiche Tücher, die nach Bedarf ausgewechselt werden können.

Gerade bei den kleinen Rassen sind Geburtsschwierigkeiten leider nicht selten. Kleine Hunde bringen meist keine großen (damit ist die Anzahl der Welpen gemeint) Würfe. Je weniger Welpen es aber sind, umso größer ist der einzelne, und das kann doch zu einer schweren Geburt führen. Lassen Sie daher niemals eine werfende Hündin allein. Der Abstand zwischen den einzelnen Geburten sollte nicht mehr als eine Stunde betragen. Haben Sie das Gefühl, es geht nichts mehr voran, sollten Sie den Tierarzt rufen.

Während der ersten Lebensmonate weichen die Welpen nicht von der Seite ihrer Mutter.

Nicht vergessen: Beim Welpen beginnt die Erziehung

Beobachten Sie einmal aufmerksam, wie Tiermütter ihre Jungen »auf das Leben« vorbereiten. Sie spielen mit ihnen, bringen ihnen auf diese Weise richtiges Verhalten bei – aber sie rufen die Heranwachsenden auch sehr energisch zur Ordnung und bestrafen sie fühlbar, wenn sie nicht folgen. Ohne Erziehung geht es eben nicht. Wer in einer Gemeinschaft lebt, muß lernen, daß er sich einzufügen hat. Das gilt auch beim Meutetier Hund. Wenn wir nun das wenige Wochen alte Hundekind zu uns holen, sind wir verständlicherweise erst einmal hingerissen von dem reizenden kleinen Wesen, das sich schutzsuchend in unseren Arm schmiegt. »Man kann doch bei so einem kleinen Wesen nicht schon mit der Erziehung anfangen«, denken Sie dann vielleicht. Aber gerade der junge Hund ist besonders aufnahmefähig, er lernt gut und fügt sich schnell. Darum sollte mit der Erziehung frühzeitig begonnen werden; natürlich im

Rahmen des Möglichen. Wichtig ist nun vor allem, daß Sie sich darüber im klaren sind, wer der Haupterzieher des jungen Hundes sein wird. Dennoch müssen auch die anderen Familienmitglieder lernen, dieselben Worte dem Hund gegenüber zu verwenden, damit er von jedem Familienmitglied gleichlautende Anordnungen bekommt. Es macht sehr viel Freude, einen jungen Hund zu erziehen und richtig anzulernen – aber es kostet Zeit, Zeit, Zeit (→ Dackel erziehen, Seite 36).

Die Zucht

Sollten Sie als Besitzer einer Dackelhündin den Wunsch haben, Nachwuchs aufzuziehen, müssen Sie überlegen, ob auch die Voraussetzungen dazu gegeben sind: Der Züchter muß nicht nur über viel Erfahrung in der Hundehaltung, sondern auch über sehr viel Zeit verfügen. Zudem müssen geeignete Räumlichkeiten und ein entsprechender Auslauf vorhanden sein.
Da nicht jeder Dackel zum Züchten geeignet ist, muß dies vorher auf einer Zuchtschau durch einen Richter festgestellt werden. Hat Ihre Hündin den Formwert »Sehr gut« oder »Vorzüglich« erhalten, steht Ihrem Vorhaben nichts mehr im Wege.
Bei unkontrollierter Vermehrung besteht das Risiko, degenerierte, wesens- und nervenschwache Tiere zu erhalten oder Mischlinge, die keinen Abnehmer finden.
Die Zucht ist ein Thema, mit dem Sie sich gründlich auseinandersetzen sollten. Wenn Sie ernsthaft vorhaben zu züchten, sollten Sie Mitglied im Deutschen Teckelklub e.V. (→ Adressen, Seite 63) werden. Sie erhalten dort von erfahrenen Zuchtwarten Beratung in allen Fragen, die die Zucht betreffen, und man ist Ihnen behilflich, für Ihre Hündin den passenden Deckrüden zu finden.

Zucht- und Prüfungsordnung

Vorbedingung jeder planmäßigen Tierzucht ist ein klares Zuchtziel. Jedem Züchter steht die freie Partnerwahl für seinen Hund im Rahmen der gegebenen Bestimmungen zu.
Kreuzungen: Im Deutschen Teckelklub wird innerhalb der drei Haararten und in drei Größenformen (Normalschlag, Zwergteckel, Kaninchenteckel) gezüchtet. Kreuzungen zwischen den verschiedenen Haararten und verschiedenen Rassen sind nicht erlaubt, Kreuzungen zwischen Kleinteckeln innerhalb der Haararten sind erlaubt.
Zuchtvoraussetzungen: Erste Vorraussetzung für die Zuchtzulassung sind Gesundheit, kräftige Entwicklung und unbedingte Wesensfestigkeit des Zuchttieres. Da der Dachshund seit Urväterzeiten zur Jagd verwandt wird, soll seine kräftige Gestalt muskulös und sein Gesichtsausdruck herausfordernd sein. Ängstliche und damit wesensschwache Hunde müssen von der zielbewußten Zucht ferngehalten werden. Diese Merkmale können aber nur in einem voll ausgewachsenen Tier erkannt werden. Daher darf kein Teckel vor Vollendung seines Wachstums, also vor Vollendung seines 15. Lebensmonats, zur Zucht benutzt werden. Zuchtteckel müssen auch frei von erblichen Mißbildungen und damit zuchttauglich sein.
Stammbuchbestimmungen: Über diese grundsätzlichen Forderungen hinaus gibt es detailiert festgelegte Bestimmungen für die Eintragung in das Stammbuch des Deutschen Teckelklubs.
Das Stammbuch steht jedem Dachshundzüchter offen, vorausgesetzt, daß er die Bedingungen anerkennt und danach züchtet.
Zur Eintragung berechtigt ist jeder Dachshund, der im Inland gezüchtet wurde. Seine Rassereinheit muß einwandfrei nachgewiesen werden,

außerdem muß er gegen Staupe und Hepatitis, Leptospirose und möglichst Parvovirose geimpft sein (→ Impfungen, Seite 50). Aus dem Ausland eingeführte Hunde werden nur anerkannt, wenn die Ahnentafeln der Hunde von der zuständigen FCI-Auslandszuchtbuchstelle ausgestellt sind. Nachkommen von den aus dem Ausland eingeführten Dachshunden werden nur eingetragen, wenn die Ahnentafel beider Elternteile von einer der Fédération Cynologique Internationale (FCI) angeschlossenen Auslandszuchtbuchstelle ausgestellt sind.
Von der Eintragung ins Stammbuch ausgeschlossen sind Teckel,
- die Kreuzungen der einzelnen Haararten entstammen;
- die ohne gültigen Abstammungsnachweis sind;
- die von Züchtern stammen, denen das Zuchtbuch gesperrt ist;
- die durch Hundehändlerkreise gegangen sind.

Dies sind auszugsweise einige Hauptpunkte der geltenden Bestimmungen des Deutschen Teckelklubs. Sollten Sie noch weitere Information wünschen, wenden Sie sich bitte an den Deutschen Teckelklub e. V. (→ Adressen, Seite 63)

Zuchtschauen und Ausstellungen
Der Deutsche Teckelklub fördert die Bestrebungen, den Dachshund mit einem formvollendeten Körper zu züchten, sein ursprüngliches Wesen und seine jagdlichen Eigenschaften zu erhalten und zu pflegen. Aus diesem Grund führt der DTK im gesamten Bundesgebiet regionale Zuchtschauen und Ausstellungen durch.

Jagdgebrauchsprüfungen: Auf gleicher Ebene werden auch Jagdgebrauchsprüfungen durchgeführt. Die Prüfungsfächer sind:
- Schußfestigkeitsprüfung
- Wassertest
- Spurlautprüfung (Sp)
- Schweißprüfung (SchwhK)
- Stöberprüfung (St)
- Vielseitigkeitsprüfung (Vp)

Diese schwierigste aller Prüfungen wird auch als »Dackelabitur« bezeichnet.
Für Zwerg- und Kaninchenteckel gibt es noch zwei Spezialprüfungen:
- Kaninchenschleppe-Herausziehen (KSchlH)
- Kaninchensprenger-Natur (KSpN).

Genaueres über diese Prüfungen erfahren Sie wieder über den Deutschen Teckelklub. (→ Adressen, Seite 63)

Spielen. Im Spiel mit seinen Geschwistern übt der Dackelwelpe Hundeverhalten. Aus dem im Spiel festgestellten Kräfteverhältnis kann sich später der Rang des Hundes im Rudel ergeben.

Sachregister

Die **halbfett** gesetzten Seitenzahlen verweisen auf Farbfotos und Zeichnungen. U = Umschlagseite.

Adressen, die weiterhelfen

Hundeverbände – Hundeklubs
Verband für das Deutsche Hundewesen (VDH), Postfach 10 41 54
44041 Dortmund
Fédération Cynologique Internationale (FCI), 13, Place Albert I,
B-6530 Thuin
Verein für Jagd-Teckel e. V. (VJT)
Kontaktadresse: Gorch-Peter Nolte, Müdichstraße 35, 67105 Schifferstadt
Deutscher Teckelklub e. V. (DTK)
Postfach 10 03 62
47003 Duisburg
Österreichischer Kynologenverband (ÖKV), Johann-Teufel-Gasse 8,
A-1230 Wien
Schweizerische Kynologische Gesellschaft, Postfach 8217, CH-3001 Bern

Haftpflichtversicherung
Fast alle Versicherungen bieten inzwischen auch Haftpflichtversicherungen für Hunde an.

Krankenversicherung für den Hund
Uelzener Allgemeine Versicherungsgesellschaft AG, Veerssener Str. 67
29525 Uelzen

Registrierung von Hunden
Haustier-Zentralregister für die BRD e. V. TASSO, Postfach 14 23
65783 Hattersheim 1

Bücher und Zeitschriften, die weiterhelfen

Klever, Ulrich: *Der große GU Ratgeber Hunde.* Gräfe und Unzer Verlag, München.
Streitferdt, Uwe: *Mein kranker Hund, Erste Hilfe – Behandlung – Pflege.* Gräfe und Unzer Verlag, München.
Ullmann, Hans-J.: *Hunde.* Gräfe und Unzer Verlag, München.
Wegler, Monika: *Hunde richtig pflegen und verstehen.* Gräfe und Unzer Verlag, München.
Der Dachshund, Zeitschrift des Deutschen Teckelclubs, Koblenz.

Die Fotografen
IPO: Seite 33; Junior/Grell, Seite U1; Junior/Liebold: Seite U2/1, 8/9; WAPI: Seite 16, 29, 45, U4; Schendel: Seite 32; Wegler: Seite 5, 20, 24, 37, 40, 41, 49, 53, 64, U3; ZEFA/Spichtinger: Seite 13; ZEFA/Wengler: Seite 57.

Die Fotos auf dem Buchumschlag:
Umschlagvorderseite: Rauhhaardackel.
Umschlagseite 2: Vier Langhaardackel-Welpen.
Umschlagseite 3: Verschiedene Haararten und Farbschläge.
Umschlagrückseite: Kurzhaar-, Langhaar- und Rauhhaardackel.

Quellenhinweis
Das Kapitel »Die richtige Ernährung« wurde von Christine Metzger verfaßt. Die Tabelle »Gesundheitsstörungen« verfaßte Uwe Streitferdt.

Wichtige Hinweise

In diesem GU Ratgeber geht es um die Anschaffung und Haltung von Dackeln. Autorin und Verlag halten es für wichtig, darauf hinzuweisen, daß sich die Haltungsregeln des Buches in erster Linie auf normal entwickelte Jungtiere aus guter Zucht beziehen, also auf gesunde, charakterlich einwandfreie Tiere.
Wer einen erwachsenen Hund zu sich nimmt, muß sich bewußt sein, daß dieser bereits wesentliche Prägungen durch den Menschen erfahren hat. Er sollte den Hund besonders genau beobachten, auch in seinem Verhalten zum Menschen; er sollte sich auch den bisherigen Besitzer ansehen. Ist der Hund aus einem Tierheim, so kann dieses über die Herkunft des Hundes und seine Eigenheiten eventuell Auskunft geben. Es gibt Hunde, die aufgrund schlechter Erfahrungen mit Menschen in ihrem Verhalten auffällig sind, vielleicht auch zum Beißen neigen. Diese Hunde sollten nur von erfahrenen Hundehaltern aufgenommen werden. Auch bei gut erzogenen und sorgfältig beaufsichtigten Hunden besteht die Möglichkeit, daß sie Schäden an fremdem Eigentum anrichten oder gar Unfälle verursachen. Ein ausreichender Versicherungsschutz liegt im Eigeninteresse; der Abschluß einer Hunde-Haftpflichtversicherung ist in jedem Fall dringend zu empfehlen.

Aktualisierte und neugestaltete Neuausgabe

Redaktionsleitung: Hans Scherz
Stellvertretende Redaktionsleitung: Renate Weinberger
Redaktion: Gabriele Linke-Grün
Lektorat: Antonie Balint-Meikis
Herstellung: Verena Römer
Umschlaggestaltung: Heinz Kraxenberger
Ernährungskapitel: Christine Metzger;
Tabelle »Gesundheitsstörungen«: Uwe Streitferdt.
Satz: GSD GmbH, München
Repro: Dörfel
Druck und Bindung: Stürtz

ISBN 3-7742-1869-2

Auflage	7.	6.	5.	4.	3.
Jahr	99	98	97	96	95

Haararten, Größen und Farbschläge

Dackel werden heute in drei unterschiedlichen Haararten gezüchtet: Kurzhaar, Langhaar und Rauhhaar. Das Gleiche gilt auch für die Größen. Es gibt den Normalschlag, den Zwergteckel, der einen Brustumfang bis zu 35 cm haben darf, und den Kaninchenteckel, dessen Brustumfang bis zu 30 cm umfaßt.
Die Fellfarben variieren ebenfalls.
Grob eingeteilt unterscheidet man einfarbige Dackel, zweifarbige und gefleckte (getigerte, gestromte) Dackel.

Rauhaardackel, Saufarben.

Langhaardackel, Rot mit Deckhaar.

Kurzhaardackel, Schwarz-Rot.

Das Fell eines kurzhaarigen Dackels soll kurz, dicht, glänzend und glatt anliegend sein. An keiner Stelle des Körpers dürfen sich unbehaarte Partien zeigen, sonst entspricht der Dakkel nicht dem Rassestandard, den der Deutsche Teckelclub e. V. festgelegt hat.

Langhaarige Dackel sollten ein seidenweiches glänzendes Haarkleid haben. Stark gerolltes, welliges oder gar struppiges Haar gilt nach dem Rassestandard als fehlerhaft.

Zwerg-Langhaardackel, Schwarztiger.